Vorwort

»Wer offen arbeitet, kann nicht ganz dicht sein« lautete einer der Sprüche, die wir in den Gründungstagen des Netzwerks Offene Arbeit Berlin im Frühjahr 2001 gesammelt hatten.

Sind wir nicht ganz dicht?

Mit der Entscheidung für Offene Konzepte haben wir nicht den einfachsten Weg gewählt. Das ist schon mal klar. Ständig in Bewegung und Veränderung begriffen zu sein, in Reflexion und Auseinandersetzung – nichts für Leute, die zur Ruhe kommen oder alles beim Alten lassen wollen.

Offene Arbeit hat viele Gesichter. Aber: Der Begriff ist nebulös und wird oft mit offenen Türen, Funktionsräumen oder gruppenübergreifenden Aktivitäten verbunden. Das ist zu kurz gedacht. So viel ist mittlerweile auch klar.

Wir sind überzeugt: Offene Arbeit wird vor allem und zuerst von einer Haltung gekennzeichnet. Einer Haltung, die offen ist

- für Prozesse und Ergebnisse;
- für unterschiedliche Entwicklungswege von Kindern und Erwachsenen;
- für die Deutungen und Bedeutungen der Kinder, für deren Signale und Impulse;
- für Zweifel an unseren Gewohnheiten und Gewissheiten;
- für neue Ideen und ungewöhnliche Lösungen;
- für andere Blickwinkel und Konzepte.

Solch eine Haltung mündet zwangsläufig in Diskussionen und Veränderungen. Das ist keineswegs lästig, sondern immer belebend – wenn auch manchmal anstrengend.

Wer es sich zur Gewohnheit macht, immer wieder neu hinzuschauen und nachzudenken, kommt auf kreative Gedanken und entwickelt Visionen: Ich kann mir eine Welt ohne Kita vorstellen. Eine Welt mit öffentlichen Räumen, in denen sich Menschen jeden Alters aufhalten und ihren Platz finden. Eine Welt mit ganz verschiedenen Orten, an denen intelligente, engagierte und interessierte Profis zu Verfügung stehen, an denen es Neues zu entdecken gibt und individuelle Leidenschaften entfaltet werden können, an denen Begegnung und Auseinandersetzung möglich ist, an denen Freundschaften geknüpft und Interessengruppen gebildet werden können. Ich kann mir vorstellen, dass Kinder und Erwachsene sich an solchen Orten angenommen und angekommen fühlen, weil niemand ihre persönlichen Freiräume einschränkt.

Doch so weit sind wir noch nicht.

Es scheint, als brauchten wir unter den gegenwärtigen gesellschaftlichen Bedingungen Institutionen, in denen Kinder zusammengefasst und »organisiert« werden. Damit gehen zweifellos verschiedenste Zwänge einher. Diese Zwänge in ihren Auswirkungen so gering wie möglich zu halten und ein Höchstmaß an Selbstbestimmung zu gewährleisten – das ist das Anliegen Offener Arbeit.

Wie sieht das konkret aus? Welche Ziele werden angestrebt, welche Wertvorstellungen liegen der Offenen Arbeit zugrunde? Welche Strukturen sind nötig? Welche Grenzen gibt es? Wie wird das Verhältnis zwischen Kindern und Erwachsenen definiert, wie der Alltag gestaltet? Welche Verantwortung übernehmen die Erwachsenen? Welche Bildungsumwelt finden die Kinder? Wie werden sie in ihrer Entwicklung wahrgenommen und unterstützt?

Viele Fragen. Wir versuchen, sie in diesem Heft zu beantworten.

Das Netzwerk Offene Arbeit Berlin hat es sich zum Ziel gesetzt, den Begriff der Offenen Arbeit mit Substanz zu füllen, denn eine eindeutige Beschreibung dessen, was unter einem Offenen Konzept zu verstehen ist, fehlte bislang.

Keine Angst, wir behaupten nicht: So und nur so darf die Realität aussehen. Wir erheben nicht den Anspruch, endgültige Wahrheiten zu verbreiten, und die Lizenz zur Definition besitzen wir auch nicht. Aber wir haben begonnen, unsere Ansprüche und Erfahrungen im Austausch miteinander zu überprüfen und Grundorientierungen herauszuarbeiten.

In diesem Prozess wuchs die Klarheit, worauf es im Kern ankommt. Zugleich kamen wir uns selbst auf die Schliche, deckten blinde Flecken und Veränderungsbedarf auf. Dabei festigte sich unsere Überzeugung: Wenn wir Kindern einen Ort schaffen wollen, an dem Lebenslust und Weltentdeckung, Selbstbestimmung und Beteiligung, Besonderheit und Gemeinsamkeit gelebt werden können, obwohl es sich um eine Einrichtung mit institutionellen Zwängen handelt, dann geht das nur, wenn wir uns öffnen. Das wollen wir.

Wir haben erlebt: Kinder gewinnen bei Öffnungsprozessen. Immer. Sie genießen sie sofort. Erwachsene gewinnen ebenfalls, doch sie müssen erst erfahren:

- Offenheit beginnt in den Köpfen und Herzen der Erwachsenen.
- Offene Arbeit öffnet allen Beteiligten Spielräume für Autonomie.
- Offene Arbeit schafft offene Strukturen und Flexibilität im Alltag.
- Offene Arbeit lebt im Jetzt, reflektiert das Gestern und dient dem Morgen.

Alle Kolleginnen und Kollegen, die diese Erfahrungen zuließen, können sich nicht mehr vorstellen, anders als offen zu arbeiten.

Die folgende Sammlung von Basisbegriffen der Offenen Arbeit – wie wir sie verstehen – soll Licht ins Dunkel bringen und die sichtbaren und unsichtbaren Seiten von »Öffnung« beleuchten. Bewusst beginnen wir nicht mit dem Sichtbaren, zum Beispiel mit gemeinsamer Raumplanung, sondern mit dahinter liegenden Orientierungen und Überzeugungen. Es gibt in diesem Heft keine systematische Reihenfolge. Der Spannungsbogen der Stichworte umfasst verschiedene Ebenen: Gedanken zu »Achtsamkeit« sind uns ebenso wichtig wie Beschreibungen von »Aktionsbereichen«.

Wir wünschen uns, dass unsere Leserinnen und Leser dies als Einladung zum Stöbern verstehen und unsere Überlegungen zur Reflexion eigener Erfahrungen nutzen.

Wir wenden uns mit den »Einblicken« an Kolleginnen, die bereits auf dem gleichen Weg sind, und ebenso an diejenigen, die mehr über Offene Arbeit wissen wollen. Wenn unsere Texte zu Diskussionen und zur Nachahmung anregen, haben wir ein Ziel erreicht.
Vor allem aber verfolgen wir seit der Gründung des Netzwerks die Absicht, den Erfahrungsaustausch innerhalb der »Offenen Häuser« zu intensivieren.

Wer Lust hat, sich nicht nur auf dem Weg des Gedruckten, sondern tatsächlich Einblicke in Offene Arbeit zu verschaffen, kann sich gern mit uns in Verbindung setzen. Wir sind für interessierte Besucher offen. Falls Ihnen die Reise nach Berlin zu umständlich ist: Inzwischen haben wir unser Netz weit gespannt und können Ihnen vielleicht ein Haus mit offenem Konzept in Ihrer Nähe vermitteln.

Da wir wissen, welche Fragen und Befürchtungen auftauchen, wenn ein Team beginnt, sich mit der Offenen Arbeit auseinander zu setzen, widmen wir diesem Thema ein eigenes Kapitel am Ende des Heftes. Die Antworten erarbeiteten wir mit Renate Dehlfing, stellvertretende Kita-Leiterin in Tungeln, und Angelika von der Beek, freiberufliche Fortbildnerin in Köln.

In Zukunft möchten wir uns übrigens nicht allein mit der Arbeit in Kindertagesstätten beschäftigen, sondern auch mit dem, was in Schulen passiert, denn Öffnungsprozesse machen vor Schultüren nicht halt. Individualisierung, Differenzierung und Flexibilisierung, gemeinsame Planung, Nutzung aller Ressourcen und Kooperation stehen zunehmend auch dort auf dem Programm. Austausch und Zusammenarbeit der Institutionen – im Interesse der Kinder und ihrer Entwicklungschancen – ist der nächste Schritt der Öffnung. Wir werden ihn gehen. Es wäre doch langweilig, wenn nicht immer wieder neue Horizonte auftauchten. Oder?

Gerlinde Lill
Berlin, im Januar 2006

Lust auf Leben

In den letzten Jahren hatten wir uns mit den Stolpersteinen bei der Sicherung und Weiterentwicklung der Offenen Arbeit befasst und festgestellt: Stets sind Kolleginnen das Problem. Selbst dort, wo Offene Arbeit seit Jahren besteht, gibt es keine Garantie. Fällt der Motor der Entwicklung, zum Beispiel die Leiterin, aus irgendeinem Grund für längere Zeit aus, schleicht sich die Tendenz zum leisen Rückzug in die »eigenen« vier Wände ein und beschränkt die Entfaltungsspielräume der Kinder.

Was ist da los? Sehnen sich Erwachsene vor allem nach Ruhe und Gemütlichkeit? Bloß kein frischer Wind, bloß keine Veränderungen mehr? Verschwindet mit dem Erwachsenwerden die Freude am Neuen, die Neugierde und die Lust auf Herausforderungen?

Im Mittelpunkt stand daher beim Fachgespräch: Wodurch wird unsere eigene Lust an Weiterentwicklung am Leben gehalten? Wie gestalten wir die Alltagsbedingungen und das Verhältnis von Kindern und Erwachsenen, um sowohl ihnen als auch uns Entwicklungsspielräume zu öffnen?

Die zentrale Frage war: Was brauchen wir, um in Bewegung zu bleiben und Dinge zu bewegen?

Die Debatte rankte sich um Thesen, die als »roter Faden« an der Wand hingen:

- Alles, was für Kinder gilt, gilt auch für uns. Auch wir sind Akteure unserer Entwicklung.
- Auch wir brauchen Lust und Interesse, um uns einzulassen, brauchen Herausforderungen, um zu wachsen, Erfolgserlebnisse, um mutig zu bleiben.
- Wir brauchen Austausch und Anregungen, um neue Ideen zu entwickeln.
- Auch wir brauchen Ermutigung.
- Auch wir brauchen mindestens einen Menschen, der uns sieht, ernst nimmt, schätzt.
- Auch bei uns müssen die Fenster offen sein, damit frischer Wind herein kann. Wir machen die Schotten dicht, wenn wir mit Weisheiten belehrt werden, die nicht zu unseren Fragen und Erfahrungen passen.
- Auch für uns gilt: Gut ist, was gut tut.

Wo steckt die Lust an der Arbeit?

Andererseits: Wir unterscheiden uns von Kindern ja gerade dadurch, dass wir uns nicht mehr so leicht, lustvoll und aktiv auf Bildungsprozesse einlassen. Diese Feststellung führte uns zu einer weiteren These:

- Wie es gilt, mit der Lust der Kinder und nicht gegen sie zu arbeiten, so gilt es auch, mit der Lust der Pädagogen und nicht gegen sie zu agieren. Das bedeutet: Wir müssen (wieder) entdecken, wo unsere Lust an der Arbeit steckt.

Diese These ist sehr viel sperriger, als es auf den ersten Blick scheint. Bei der Vorbereitung hatten wir zuweilen das Gefühl, mit einem großen, grauen Ungetüm zu ringen, das uns seinen Kern nicht enthüllen will. Immer wieder geschah es, dass wir mit dem Finger auf andere zeigten, die bremsen, maulen, boykottieren...

Ja, sich an die eigene Nase zu fassen, das ist schwieriger, als man denkt. Zwar hatten wir den einen oder anderen Lichtblick der Erkenntnis oder Selbsterkenntnis, aber die rechte Klarheit fehlte noch.

Da halfen das Bild und die Geschichte vom grauen Elefanten, der auf unserem Fachtag dann tatsächlich leibhaftig auf einem Skateboard durch den Saal rollte, bereit, alle Resonanzen aufzunehmen und sich allmählich bunt zu färben. Am Ende des Tages klebte jede Menge Zettel mit Erkenntnissen, Assoziationen und frohgemuten Ideen auf seinem Rücken.

Nach der ersten Gesprächsrunde, bei der wir uns selbst, unserer Lust und Dynamik in der Arbeit auf die Spur zu kommen suchten, machten wir einen »Thesenspaziergang« mit anschließenden vertiefenden Diskussionen in Interessengruppen.

Stationen auf diesem Spaziergang waren:

Bildung ist Biografie

Alles, was wir erleben und erfahren, verarbeiten wir zu einem persönlichen Bild von der Welt, von uns und unserer Rolle darin. Vom Individuum abgelöste Bildung gibt es nicht. So, wie wir geworden sind, prägen wir unsere Umwelt. Wer die eigenen Wege und Umwege versteht, ist offen für andere. Ich bin nur wach gegenüber den Prozessen der Kinder, wenn ich wach bin gegenüber den eigenen Prozessen. Dennoch: Es ist schwer, Kinder zu verstehen.

Bildung ist immer

Man kann sich nicht gegen Bildung wehren, sie findet immer statt. Räume wirken und bilden, auch uns Erwachsene. Menschen, Beziehungen, Interaktion, Kommunikation, Alltagskultur wirken und bilden – ob uns das bewusst ist oder nicht.

Wir sind dem »heimlichen Lehrplan« jedoch nicht hilflos ausgeliefert. Denn wir schaffen unsere Bildungsumwelt und deren Atmosphäre selbst – für die Kinder, mit ihnen und für uns.

Bildung ist Vision

Wir konnten, als wir Kinder waren, kaum Selbstbestimmung in Bildungsinstitutionen erleben, aber mit der Offenen Arbeit haben wir ein Gegenmodell entworfen. Vielen von uns fehlt die persönliche Erfahrung mit konkreten Vorbildern und daher das Vertrauen in die Realisierbarkeit unserer Visionen.

Offene Arbeit stolpert über die eigenen Füße, wenn sie sich nicht wirklich glaubt. Anders gesagt: Wir können mit Unfertigem nicht gut leben.

Bildung ist Bewegung

Wenn wir denken, wir sind fertig, dann sind wir wirklich fertig, denn das ist der Anfang vom Ende der Bewegung. »Ich will so bleiben, wie ich bin« funktioniert nicht in der Offenen Arbeit. Bewegen kann nur, wer sich bewegen will. Bewegt euch! Gegenseitig! Schubsen macht Spaß!

Bildung ist Beziehung

Bildung braucht Anstöße. Sie lebt im Wechselspiel von inneren und äußeren Impulsen.

Wir müssen unser erwachsenes »Bezugssystem« in den Blick nehmen. Zwar sorgen wir füreinander, denn wir brauchen Wärme und Harmonie, aber wir sorgen nicht genug dafür, dass wir weiterkommen.

Wir brauchen Vertrauen in unsere Fähigkeiten, Rückhalt und Geduld bei neuen Unternehmungen, ehrliche Rückmeldungen über unser Tun und Verhalten, echtes Interesse an dem, was wir zu sagen haben.

Bildung braucht Freiräume

Selber denken macht schlau. Wir brauchen Fülle und Weite für unsere Bildungsprozesse – genau wie die Kinder.

Gleichzeitig fürchten wir Freiräume, haben Angst vor Chaos und Anarchie. Wir haben Angst vor dem freien Kind, auch in uns selbst.

Das graue Selbstbild

Wenn wir keine Freude an Entwicklung, keine Neugier und keine Lebenslust in unseren Arbeitsalltag integrieren, schaffen wir keine lernfreudige Atmosphäre. Wir haben einen unsinnlichen und unsinnigen Bildungsbegriff im Kopf, der begrenzt und beschränkt und sich wie ein Grauschleier über die Lust der Kinder legt. Wir nehmen Grenzen gern vorweg, haben die »Schere« im Kopf, suchen statt nach Wegen oft zuerst nach Hindernissen, egal, ob es welche gibt oder nicht.

Wir malen ein graues Bild vom Kind. Wahrscheinlich ist dieses Bild nichts anderes als unser Selbstbild, das wir übertragen.

Kinder sind Vorbilder

Der Bildungsmotor der Kinder hingegen läuft. Mut, Neugier, Hartnäckigkeit und Hingabe sind noch nicht verkümmert.

Unser Mangel an Vorbildern kann durch Kinder ausgeglichen werden, wenn wir loslassen, hingucken und ihnen folgen. So gewinnen wir Freiräume, können unsere Batterie wieder aufladen und speisen neue Kraft in den Energiekreislauf ein.

Strahlkraft

Strahlen kann nur, wer Erfolgserlebnisse hat. Seien wir also ins Gelingen verliebt!
Potenziale können nur strahlen, wenn sie eine Chance bekommen. Jede und jeder hat etwas beizutragen. Wir müssen es »nur« sehen, wertschätzen und nutzen.

Was ist »es«? Unsere Fragen, Zweifel, Ideen, Interessen, Leidenschaften. Statt uns mit unserer oder kollegialer Unzulänglichkeit herumzuquälen, sollten wir uns regelmäßig unserer Erfolge vergewissern und uns daran freuen.

Überzeugung

Man kann nicht überzeugt werden, überzeugen muss man sich selbst. Überzeugung ist ein eigener innerer Prozess.

Statt nach immer überzeugenderen Argumenten sollten wir nach »offenen Fenstern« suchen, denn verstehen ist wichtiger als verstanden werden. Offene Arbeit bietet mehr als jede andere Arbeitsweise die Chance, durch eigene Erfahrungen Überzeugungen zu gewinnen.

Lust

Bildung ist lustvoll, aktiv, sinnlich und sozial. Offene Arbeit ermöglicht das. Lernen, Lust und Leistung werden hier wieder in Einklang gebracht. Offene Arbeit schafft Bewegung, offene Prozesse, Herausforderungen und Chancen für persönliche und gemeinsame Erfolge. Wenn Offene Arbeit nicht lustvoll ist, dann stimmt etwas nicht. Deswegen: Fabrizieren wir doch gemeinsam »Lustballons« der Offenen Arbeit: Lust auf Neues und Unbekanntes, Streitlust und Lust auf Überraschungen, Lust am Zupacken, Lust am Fantasieren und Fabulieren, Lust auf Blödsinn und Eigensinn, Lust auf Leben und Lust am Risiko nach dem Motto: Manche machen Bungeespringen, Rafting oder sonst was – wir machen Offene Arbeit.

Veränderung als Normalität

Offene Arbeit lebt von der Bewegung. Nichts bleibt, wie es ist – außer den Grundüberzeugungen. Die Strukturen und Arbeitsweisen kommen immer wieder auf den Prüfstand: Stimmen Anspruch und Realität überein? Gibt es neue Erkenntnisse? Haben sich die Lebensbedingungen von Kindern und Familien verändert? Leben wir, was wir ins

Konzept schreiben? Gibt es »blinde Flecken«? Haben wir neue Ideen? Wo besteht Verbesserungsbedarf?

Äußere und innere Orientierung

Um uns bewegen und verändern zu können, brauchen wir gemeinsame Leitplanken. Daher ist die Diskussion über Werte und Überzeugungen ein wichtiges Vorhaben. Das gilt für die Mitglieder des Netzwerks Offene Arbeit genau so wie für jedes einzelne Team. Denn ohne klare Maßstäbe besteht in Veränderungsprozessen die Gefahr der Beliebigkeit oder der Verschiebung von Gewichten: An die Stelle von Freiräumen für Kinder treten nicht selten Funktionsräume, und Häuser präsentieren sich als »offen«, in denen Kinder genauso gegängelt, von Erwachsenen dominiert und »genormt« werden wie früher. Oder Offene Arbeit wird mit offenen Türen verwechselt.

Wir waren uns einig, dass Offene Arbeit eine Grundhaltung zu Menschen und eine Grundvorstellung über menschliches Zusammenleben bezeichnet, die wir ständig im Auge behalten müssen. Zwar kann die Arbeit in verschiedenen Formen organisiert werden – je nach Bedarf und Bedingungen –, aber wo Grenzüberschreitungen stattfinden, wo die Selbstbestimmung der Kinder unterlaufen wird, wo sie an der Gestaltung ihres Lebens nicht teilhaben, dort handelt es sich um Etikettenschwindel, wenn das Schild »Offene Arbeit« über der Tür hängt – Funktionsräume hin oder her.

»Kinder brauchen Grenzen«, dieser Satz von Jan Uwe Rogge, gern von Erwachsenen zitiert, die Kinder in ihre Schranken weisen wollen, hat in unserem Verständnis einen ganz anderen Sinn: Kinder brauchen die Erfahrung, dass Grenzen respektiert werden – auch und insbesondere die ihren. Erleben sie nicht, dass ihre Wünsche und Gefühle es wert sind, ernst genommen zu werden, fehlt ihnen die elementare Grundlage für den respektvollen Umgang mit anderen Menschen. Kinder können nur lernen, was sie kennen lernen. Wertschätzung für andere erwächst aus der Wertschätzung gegenüber der eigenen Person.

Das heißt für das Selbstverständnis der Offenen Arbeit: Wichtiger als die äußere Orientierung ist die innere. Sie ist die Basis für Flexibilität und Wandelbarkeit.

Das gilt im Übrigen auch für die Alltagsgestaltung in den Häusern. Je klarer und verankerter die Leitgedanken sind, um so leichter können neue Ideen realisiert werden, ohne Irritationen auszulösen.

Wurzeln

Gerade weil die Grundhaltungen und Überzeugungen der Offenen Arbeit mehr sind als ein pädagogisches Konzept, ist es notwendig, sich mit eigenen Entwicklungen auseinander zu setzen. Wenn wir uns der Wege und Umwege unserer Biografien bewusst werden, die Etappen und Einflussfaktoren identifizieren und darüber in den Austausch treten, kristallisiert sich heraus, worauf es uns warum wirklich ankommt. Das hilft, Unterschiede zu verstehen, uns zu verständigen, Gemeinsamkeiten zu entdecken und in aktuellen Fragen das Wichtige vom Unwichtigen zu trennen.

Streitkultur

Um Haltungen und dazu passende Handlungen muss gerungen werden. Die Fähigkeit und Bereitschaft, einander ernst zu nehmen, zuzuhören, sich mit unterschiedlichen Sichtweisen und Erfahrungen auseinander zu setzen und in diesem Prozess gemeinsam voranzukommen, ist ein unverzichtbares Element Offener Arbeit. Doch wer kann das schon, sich ohne Angst und Aggression streiten?

Nicht allein die Übung macht's. Streitkultur braucht Vertrauen, und Vertrauen erwächst aus Erfahrung. Wo gestritten werden kann, ohne dass Tränen fließen und »beleidigte Leberwürste« in Krankheit flüchten, findet das Klima des Vertrauens guten Mutterboden. Wo der Prozess des Streitens als produktiv und vergnüglich erlebt wird, hat Streitkultur die Chance, sich zu verankern.

Wertschätzung und Respekt

Wertschätzung und Respekt sind nicht nur die Basis im Umgang mit den Kindern, sondern auch in unserem Umgang miteinander. Das heißt aber nicht: Alles wird toleriert und akzeptiert. Dann gäbe es nämlich auch nichts mehr zu streiten.

Gemeint ist vielmehr: Ich respektiere dich, auch wenn du anderer Meinung bist. Ich schätze deine

Erfahrungen wert, höre dir zu, nehme dich ernst.

Stellen wir fest, dass unsere Vorstellungen über Leben und Arbeit grundsätzlich nicht zusammenpassen, dann sollten wir nicht im gleichen »Verein« spielen. Vielleicht stellen wir sogar fest, dass wir Gegner sind und für unterschiedliche Richtungen eintreten. Na und? Gut, dass dies nun klar ist, wir daraus Schlussfolgerungen ziehen können und die tückische Scheinharmonie sich verflüchtigt.

Wertschätzung meint aber auch: Potenziale sehen und fördern, die Unterschiedlichkeit von Menschen nicht als Problem, sondern als Ressource erkennen, anerkennen und nutzen. Dies gilt für unsere Sicht auf Kinder ebenso wie für uns Erwachsene selbst.

Herausforderungen als Chance

Um wach zu bleiben, um den eigenen Bildungsmotor am Laufen zu halten, brauchen wir die Aussicht auf Erfolg und Anerkennung. Die gibt es nun mal vor allem dort, wo sich Herausforderungen bieten, und daran mangelt es ja bekanntlich nicht.

Was zuweilen fehlt, sind Mut und Selbstvertrauen, Herausforderungen anzunehmen und sie konstruktiv zu bewältigen. Da können wir von den Kindern lernen: Sie arbeiten hartnäckig daran, ihre Grenzen zu überwinden, und probieren so lange, bis sie erreichen, was ihnen wichtig ist.

Begreifen wir Herausforderungen als Chance, dann suchen wir nicht mehr nach Schuldigen, sondern nach Wegen, nach unkonventionellen Strategien. Dann verlassen wir das Jammertal und nehmen plötzlich wahr, über welche gemeinsamen Einflussmöglichkeiten wir verfügen.

Denken wir darüber nach, wie etwas gehen kann! Vergeuden wir unsere Energien nicht damit, nach Gründen zu suchen, warum etwas nicht geht, bestehen beste Erfolgsaussichten.

Das tut gut, macht Spaß, schweißt zusammen und verschafft uns Respekt. Aber: Anerkennung gibt es nur für erkennbare Leistungen. Deshalb sollten wir uns zeigen, uns interessant machen, Erfolge feiern und uns an ihnen freuen.

Reflexion und Dialog

Das Wichtigste ist, Reflexion und Dialog im Team zu sichern. Wenn wir es schaffen, uns selbst zu beobachten, uns wechselseitig Rückmeldungen zu geben und darin die Chance für produktive und gemeinsame Veränderungen zu erkennen, dann sind wir auf dem richtigen Weg. Doch bislang gehört es eher selten zur Teamkultur, die eigenen Handlungen und Verhaltensweisen entlang gemeinsamer Kriterien regelmäßig zu spiegeln.

Diese letzte Erkenntnis wird Thema des nächsten Fachgesprächs werden, in dem es um Selbstbeobachtung, wechselseitige Reflexion, um kritisches Feedback im Team und in den Netzen gehen soll. Spiegel werden das Symbol.

Es folgen Stichworte, die aus unserer Sicht die Grundfesten der Offenen Arbeit ausmachen. Sie sind die Kriterien, an denen wir die Qualität unserer Arbeit messen.

Stichwort: Differenzierung

Was hat Offene Arbeit mit Differenzierung zu tun? Wieso werden nicht an erster Stelle »Funktionsräume« als charakteristisches Merkmal benannt?

Die Antwort ist einfach. Nicht die äußeren Organisationsformen machen den Kern der Offenen Arbeit aus, sondern die inneren Triebkräfte, unsere Vorstellungen über das Zusammenleben und den Umgang mit Menschen.

Offene Arbeit hat ihren Ursprung in der Überzeugung, dass niemand ausgegrenzt oder zurückgelassen werden darf – egal, welche Besonderheiten er oder sie aufweist. Daher steht Differenzierung am Anfang unserer Stichworte. Besser müsste es Binnendifferenzierung heißen, denn darum geht es: Zusammenführung und innere Unterscheidung statt äußerer Trennung.

Doch die soziale Wirklichkeit sieht anders aus, Ausgrenzung ist Normalität. Schon früh beginnen wir damit, Spreu vom Weizen zu trennen und Kinder auf verschiedene Schultypen zu verteilen. Dahinter stehen die Vorstellung, dass Menschen am besten in möglichst homogenen Gruppen lernen, und wohl auch das Interesse von Eliten, sich als solche zu reproduzieren.

Integration und in deren Folge die Öffnung bestehender Strukturen will an diesem System und Verständnis rütteln. Differenzierung wird als eine Arbeitsform definiert, die auf Unterschiede in differenzierter Weise reagiert und keine Schubladen braucht. Es handelt sich also um eine (Werte-) Entscheidung gegen Selektion und mit der Absicht politischer Wirksamkeit.

Differenzierung, Altersmischung und Öffnung

Das Konzept, alle Kinder gemeinsam leben und lernen zu lassen, erforderte zwangsläufig eine veränderte Pädagogik und neue Organisationsformen. Schon in altershomogenen Gruppen ist Gleichheit der Entwicklung eine Illusion oder besser: ein Konstrukt, denn jedes Kind ist anders. Alle über einen Kamm scheren zu wollen ist vollkommen unsinnig.

Individuelle Unterschiede fallen aber um so größer aus, je gemischter die Zusammensetzung der Kinder ist. Je breiter das Spektrum ihrer sozialen und persönlichen Voraussetzungen, um so differenzierter muss die pädagogische Arbeit sein.

Ein Versuch, den Entwicklungsunterschieden zu entsprechen, die bei der Integration behinderter Kinder ins Auge fallen, war die Einführung der (großen) Altersmischung. Sie sollte ermöglichen, dass alle Kinder die ihren jeweiligen Bedürfnissen entsprechenden Spiel- und Lernpartner finden. Allerdings passierte zumeist das Gegenteil, denn die Auswahlmöglichkeiten in geschlossenen Gruppen sind zwangsläufig begrenzt. Und die zuständigen ein bis zwei Fachkräfte können den unterschiedlichen Ansprüchen in altersgemischten Gruppen unmöglich gerecht werden.

Die Erkenntnis: Um wirklich differenziert arbeiten zu können, ist Planung in größeren Zusammenhängen erforderlich. Raum, Material, Zeit, Menschen – erst in der gemeinsamen Nutzung aller Ressourcen kann differenzierte Arbeit organisatorisch gesichert werden. Erst dann sind Konzentration auf einzelne Kinder und Arbeit in kleinen Gruppen praktisch möglich.

Altersmischung als eine Stufe der Öffnung muss von der Durchlässigkeit fester Gruppenstrukturen begleitet werden, sonst wirkt sie kontraproduktiv. Dies ist er, der Zusammenhang zwischen Offener Arbeit und Differenzierung.

Differenzierung als Chance

Offene Arbeit ist also eine Antwort auf die Frage nach einem Konzept für den sinnvollen und förderlichen Umgang mit (kleinen und großen) Menschen. Das bezieht sich sowohl auf die Ziele wie auf die Methoden. Weder müssen alle das Gleiche lernen und können, noch werden alle in gleicher Weise gefördert. Die Vorstellung, Gerechtigkeit sei dann verwirklicht, wenn alle den gleichen Leistungsstandards unterworfen werden, weicht der Erkenntnis, dass auf ungleiche Voraussetzungen differenziert reagiert werden muss, um ansatzweise gleiche Entwicklungschancen zu bieten.

PISA hat es nachgewiesen: Unser selektives Bildungssystem bringt als Ergebnis eine Katastrophe hervor. In keinem anderen Industrieland sind die Bildungschancen so abhängig von den sozialen Voraussetzungen wie in Deutschland. Schlimmer noch: Die Unterschiede verschärfen sich.

Im Westen wurde die innere Differenzierung seit den 70er Jahren in Gesamtschulen, im Grundschulbereich und vor allem in Kindertagesstätten erprobt. Doch Öffnungskonzepte haben sich nicht in gleichem Maße verbreitet. Woran liegt das?

Um den Anspruch individualisierter Förderung wirklich mit Leben zu erfüllen, bedarf es vor allem einer veränderten Haltung der Pädagogen und ihrer Bereitschaft zur Veränderung gewohnter Arbeitsweisen. Der Verzicht auf äußere Differenzierung macht die innere Differenzierung und Öffnung notwendig und ermöglicht sie zugleich – vorausgesetzt, die Verantwortlichen sind bereit, sich diesem Gedanken zu öffnen.

Differenzierung als Perspektivwechsel

Offene Arbeit meint zunächst Offenheit für neue Sichtweisen und die Bereitschaft, eingefahrene Wege zu verlassen, wenn sie sich als nicht hilfreich erwiesen haben. Alle Kinder in ihrer jeweiligen Besonderheit zu sehen, sie so anzunehmen, wie sie sind, und ernst zu nehmen, was für sie wichtig ist – darum geht es. Das erfordert

- nicht nur eine veränderte Sicht auf das einzelne Kind, sondern eine insgesamt gewandelte Haltung: Unterschiede als Schatz und nicht als Problem zu verstehen, Vielfalt nicht als Abweichung, sondern als Normalfall und Bereicherung;
- unbedingt andere Arbeitsformen als bisher. Im Mittelpunkt stehen Zusammenarbeit und Dialog, sowohl zwischen allen Kolleginnen als auch und vor allem mit den Kindern und Eltern.

Offene Arbeit verändert nicht nur die Handlungen der Einzelnen, sondern die Beziehungen: Das Machtverhältnis zwischen Erwachsenen und Kindern wird ebenso in Frage gestellt wie Isolation und Konkurrenz im Team. Dadurch verändert sich das gesamte Koordinatensystem, und das ermöglicht eine neue Sicht auf die alten Verhältnisse.

In diesem Sinne bedeutet Offene Arbeit vor allem: Perspektivenwechsel. Und zwar als Voraussetzung und Ergebnis.

Differenzen und Differenzierung

Die Diskussionen im Netzwerk Offene Arbeit Berlin zeigten: Auch bei uns gibt es Unterschiede in der Interpretation und Umsetzung. Was als Differenzierung gelebt wird, ist vielfältig. Um dies genauer erfassen zu können, haben wir die Strukturen im Alltag betrachtet und festgestellt: Unter Differenzierung wird häufig weniger der differenzierte Umgang mit den Kindern verstanden als vielmehr die Einteilung der Kinder, zum Beispiel die Zusammenstellung von Kindergruppen für gezielte (Förder-) Aktivitäten oder die Gestaltung von Räumen für bestimmte »Kindertypen«.

Auch nach Kompetenzen der Mitarbeiterinnen wird gern differenziert, die teils nach dem Fachfrauenprinzip professionalisiert werden. Zwar führt dies zu qualitativ hochwertigen Angeboten bei Raum, Material und Anregungen, birgt aber zugleich die Gefahr der Beschränkung auf das, was an Kompetenzen und Interessen im Team vorhanden ist. Resultat: Differenziert wird nicht ausgehend vom Bedarf der Kinder, sondern entlang der Vorlieben der Erwachsenen.

Die Entwicklungsunterschiede der Kinder sind offensichtlich, ebenso die Unterschiede ihrer Interessen und Bedürfnisse. Obwohl die Kolleginnen im Netzwerk dies sehen, können sie unter den gegebenen Bedingungen nicht immer so reagieren, wie es ihrem Anspruch angemessen wäre. Zuweilen entsteht der Eindruck, dass manche Altersstufen nicht genügend im Blickfeld stehen und einzelne Kinder manchmal »durchrutschen«. Auch die Erwartungen der Eltern zwingen zu strukturellen und organisatorischen Veränderungen, um differenzierter arbeiten und nachweisen zu können, dass alle Kinder zu ihrem Recht kommen und in ihren individuellen Bildungsprozessen nachhaltig unterstützt werden.

Die Unzufriedenheit der Kolleginnen mit ihren Arbeitssituationen wurde im Netzwerk zum Auslöser für die Suche nach Differenzierungsmöglichkeiten im Alltag. Im Vordergrund standen immer wieder Planung und Kooperation.

Organisatorische Konstruktionen und Vorhaben, die gegenwärtig erprobt werden:

- Zuständigkeiten für bestimmte Altersgruppen: Die Kolleginnen behalten diese Gruppen besonders im Blick und führen mit den Eltern der Kinder Entwicklungsgespräche (nicht nur bezogen auf die Jüngsten).
- Zuständigkeiten von Kernteams für bestimmte Bereiche und inhaltliche Schwerpunkte im Haus: Das erleichtert Kooperation und gemeinsame Planung.
- Verbindliche Planung von Schwerpunkten über einen längeren Zeitraum: Das begünstigt Konzentration und Kontinuität.
- Fixpunkte für feststehende, immer wiederkehrende Aktionen.
- Prioritätensetzung: Was soll immer und unter allen Umständen stattfinden?
- Kontinuierlicher Dialog mit den Kindern, um ihre jeweiligen Themen und Interessen zu erkunden.
- Beobachtung und Reflexion der Raum- und Materialnutzung durch die Kinder und gegebenenfalls Veränderungen, natürlich mit den Kindern gemeinsam.
- Ausbau von Bereichen, die bislang eher zu kurz kamen. Zum Beispiel Technik, Naturwissenschaft, Handwerk.

Wirken diese Konstruktionen und Vorhaben im Alltag tatsächlich so, wie wir es beabsichtigen? Dies gilt es herauszufinden.

Da Wirkungen um so größer sind, je stärker Themen und Interessen der Kinder Raum und »Futter« finden, können die Kinder das am Besten beurteilen. Sind sie noch zu klein, um sich verbal zu äußern, müssen wir darauf achten, was sie auf ihre Weise ausdrücken. Wer Kinder verstehen will, findet einen Weg.

Differenzierung als kreativer Prozess

Im Alltag treten Unsicherheiten und Schwierigkeiten auf, die bewältigt werden müssen. Damit können wir so oder so umgehen. Ob wir nach Wegen suchen, unsere Vorhaben zu realisieren, oder nach Gründen, warum wir uns doch von den »eigentlich« wichtigen Ansprüchen verabschieden müssen, macht den Unterschied – nicht nur für die Chancen der Kinder, auch für die Grundstimmung im Team: »Das wollen wir doch mal sehen« versus »Eigentlich sind wir ganz anders, aber wir kommen so selten dazu...«

Das Leben stellt uns immer wieder vor neue Herausforderungen. Wir bekommen es mit anderen Kindern, Eltern und Kolleginnen zu tun, Anforderungen und Ansprüche wandeln sich, neue Erkenntnisse zwingen zum Umdenken, Rahmenbedingungen verändern sich. Damit konstruktiv umzugehen ist eine der angestrebten Zukunftskompetenzen, deren Entwicklung wir den Kindern ermöglichen sollen. Schauen wir doch mal, wie es mit unseren eigenen Kompetenzen in dieser Beziehung steht.

Differenzierung bedeutet grundsätzlich, auf unterschiedliche – und das heißt auch, sich wandelnde – Anforderungen in angemessener Weise zu reagieren. Jede Situation ist anders und bedarf spezifischer Antworten. Deshalb kann Differenzierung nicht ohne Kreativität und Flexibilität gelebt werden: Kreativität im Kopf und Flexibilität im Handeln.

Differenzierte Arbeit nützt nicht nur den Kindern, sondern auch uns Erwachsenen. Je besser wir auf die individuellen Bedürfnisse und Interessen der Kinder reagieren können, um so entspannter ist der Arbeitsalltag. Sogenannte Verhaltensauffälligkeiten verflüchtigen sich, wenn

- Kinder ihren eigenen Fragen folgen und an ihren Arbeiten dranbleiben können;
- Kinder Zuwendung dann und in dem Maße erhalten, wie sie es brauchen;
- auf sie differenziert eingegangen wird. Kleingruppenarbeit oder Einzelgespräche sind für alle Beteiligten befriedigender.

Differenzierung ist ein Pädagogenbegriff. Handelt es sich folglich immer um den Pädagogenblick? Um dieser Gefahr zu begegnen, fragen wir aus der Perspektive des Kindes: Warum ist es so wichtig, in seiner Besonderheit gesehen zu werden? Ganz einfach: »ICH bin ICH, ich werde wahrgenommen, beachtet und bin okay so, wie ich bin.« Dies ist die Basis für Selbstvertrauen und die Entfaltung aller anderen Kompetenzen.

Stichwort: Spielräume

Kindheit heute ist institutionalisierte Kindheit. Anders als wir früher haben Kinder heute kaum noch Chancen, den Blicken und Anweisungen von Erwachsenen zu entgehen. Ihre Welt ist eingezäunt. Was sie spielen, mit wem und wo – alles ist vorgegeben, pädagogisch aufbereitet und dient einem höheren Zweck. Fein säuberlich wird getrennt zwischen »freiem« Spiel und...? »Unfreiem«? Nein, nein. Zwischen Spiel und von Erwachsenen gelenkten Aktivitäten.

Neuerdings werden die Kinder auch noch unter Beobachtung gestellt, und jede ihrer Bewegungen wird misstrauisch beäugt: Bist du so, wie du sein sollst, Kind? Oder brauchst du Sonderbehandlung?

Beobachtung als Beachtung der kindlichen Wünsche und Deutungen und als systematische Grundlage für die Reflexion der eigenen Arbeit ist – noch? – eher selten.

Entscheidungsfreiheit

Heute erhalten Kinder bei uns mehr Aufmerksamkeit, und sie müssen auch nicht einfach nur »parieren«. Erwachsene machen sich Gedanken über das, was sie brauchen, wollen sie ernst nehmen und ihren Wünschen Raum geben. Doch wie weit ist es damit tatsächlich her?

In aller Regel endet die Freiheit eines Kindes spätestens an der Gruppenraumtür. Wichtiger als seine Wünsche ist die Organisation des Alltags. Vorrang vor dem kindlichen Spielfluss hat das pädagogische Angebot. Wen oder was ein Kind mag, hat weniger Gewicht als die Absichten wohlmeinender Pädagogen. Die Impulse der Kinder finden ihre Begrenzungen in den Regeln des Hauses. So fährt der kindliche Bildungsmotor immer wieder gegen die Wand der Institution und kracht an die Mauern in den Köpfen der Pädagogen.

Hier setzt Offene Arbeit an. Wenn schon institutionalisierte Kindheit mit allem, was das an Organisation bedeutet, dann bitte mit möglichst großen Spielräumen für die Entscheidungen der Kinder. Denn einer unserer Basisbegriffe ist Entscheidungsfreiheit. Dieser Begriff stand – neben Differenzierung – ganz am Anfang unserer Überlegungen. Schnell waren wir uns darüber einig, dass das Recht der Kinder auf freie Entscheidung eine zentrale Säule der Offenen Arbeit ist und sich unsere Glaubwürdigkeit daran messen lassen muss, wie viel Entscheidungsfreiheit wir den Kindern in unserer täglichen Arbeit zubilligen.

Das ist keine pädagogische Frage, sondern eine Frage der Haltung. Für Freiheit und Selbstbestimmung einzutreten ist nicht nur etwas für Sonntagsreden über das Grundgesetz, sondern es gehört in die Arbeit mit Kindern. »Der beste Beweis für das Wollen ist das Tun.« Oder: Der beste Beweis für die Haltung ist die Organisation.

Entwicklungsräume

Die Freiheiten von Kindern einzuschränken ist leicht. Es ist nicht schwer, dies sogar mit ihrem Wohl oder dem gemeinsamen Interesse zu begründen: »Die Kinder brauchen...« ist eine gern genutzte und selten kritisch befragte Formel. Schnell sind Erwachsene sich einig, was Kindern gut tut. Die Kinder werden nicht gefragt. Komisch nur, dass sie oft so unruhig, aggressiv und »verhaltensauffällig« sind.

Im Netzwerk Offene Arbeit sind wir überzeugt, dass sich viele Probleme von Kindern und mit Kindern quasi in Wohlgefallen auflösen, wenn... Ja, wenn wir Kinder achten und ihre Rechte beachten, wenn wir ihre Grenzen wahren und ihren Impulsen Raum verschaffen.

Kinder brauchen Spielräume. Sie brauchen Zeiträume für ungestörtes Spiel, denn das Spiel ist ihre Art der Weltaneignung und des Lebenstrainings. Sie brauchen Aktionsräume drinnen und draußen für ausladende Bewegungen, für Toben, Raufen und Quatschmachen, denn auf diese Weise erobern sie sich ihre Umgebung, erproben ihre Kräfte und testen ihre Grenzen. Sie brauchen Räume für Heimlichkeiten und unbeobachtetes Spiel (Erwachsene müssen nicht alles wissen.). Sie brauchen Räume für eigenständiges Handeln und gemeinsame Verantwortung, denn daran wachsen die Kinder. Räume zum Spielen, zum Forschen, zum Schlüpfen in andere Rollen. Räume zum Räumen und Gestalten, Räume zum Reden und Räume zum Schweigen. All dies brauchen Kinder, um sich zu entfalten und ihre Potenziale zu entdecken. Nur wenn sie ihre Potenziale entdecken, werden sie Selbstvertrauen und Zuversicht gewinnen. Das ist die wichtigste Wegzehrung, die Kinder für ihr künftiges Leben brauchen – ganz egal, was ihnen begegnen mag.

Spielraum ist ein zentraler Begriff in der Offenen Arbeit, Flexibilität und Offenheit inbegriffen, mit der auf kindliche Impulse reagiert werden soll: Nichts ist festgeschrieben und unveränderbar, alles ist möglich, wenn es für die Kinder von Bedeutung und damit sinnvoll ist. So werden Orte für Kinder zu offenen Räumen für Lebenslust und immer neue Erfahrungen, für Begegnungen und Überraschungen, für Veränderungsprozesse bei Kindern und Erwachsenen. Kurz: Offene Arbeit bietet Spielräume für individuelle und gemeinsame Entwicklung, für Zugewinn an Freude und Selbstvertrauen. In jedem Alter.

Stichwort: Achtsamkeit

Achtsamkeit ist ein altmodisches Wort, das im heutigen Sprachgebrauch kaum noch vorkommt. Wenn doch, dann in der Esoterik, als Ausdruck der Besinnung auf sich selbst. Passt dies zu unseren Überlegungen? Warum nicht: Sich auf das konzentrieren, was man gerade tut, ganz im Hier und Jetzt – wie die Kinder. Nicht hundert Dinge gleichzeitig erledigen, sondern sich auf das konzentrieren, was gerade dran ist. Zeit für die kleinen Dinge. Womöglich sogar Muße...
Geht das überhaupt in unserem Berufsfeld? Und: Geht das in der Offenen Arbeit?
Es geht – vorausgesetzt, Achtsamkeit hält Einzug in die Köpfe und bestimmt die Gestaltung des Lebens.

Die Elemente der Achtsamkeit

Wir haben Achtsamkeit als Merkmal Offener Arbeit gewählt, weil sie drei Elemente enthält, die für uns von zentraler Bedeutung sind: Achtung, Behutsamkeit und Aufmerksamkeit.

Skeptiker befürchten, bei Offener Arbeit sei quasi vorprogrammiert, dass einzelne Kinder »durchrutschen«. Das sehen wir ganz anders: Werden Kinder in ihrer Besonderheit und Einzigartigkeit nicht wahrgenommen, dann mangelt es an Qualität – egal, um welches pädagogische Konzept es sich handelt. Allerdings sind die Chancen, diesen Mangel zu erkennen und zu beheben, unterschiedlich verteilt: Gehören Reflexion und Dialog zur Alltagskultur eines Teams, können Probleme leichter aufgespürt und Lösungen gefunden werden. Wird Beobachtung als Beachtung verstanden und gründet auf Achtung vor dem Willen und den Wünschen der Kinder, kann diese Qualität in den Beziehungen bewusster gelebt werden. Gehört der Austausch über die Wahrnehmungen kindlicher Impulse und Prozesse zur Routine, können wir der Gefahr, einzelne Kinder aus dem Auge zu verlieren oder in »Schubladen« zu packen, wirksam begegnen.

Da Offene Arbeit von Austausch und wechselseitiger Rückmeldung lebt und den differenzierten Umgang mit Kindern zum Prinzip erhebt, hat Achtsamkeit nicht nur als hehrer Anspruch, sondern als real zu erwerbende und täglich zu übende Kompetenz einen hohen Stellenwert im Bewusstsein der Kolleginnen, die dieses Konzept vertreten.

Achtung und Behutsamkeit

Achtsamkeit ist verwandt mit Achtung. Bei Achtung assoziieren wir Respekt und Wertschätzung, aber auch Obacht. Achtung vor anderen Menschen, vor Tieren, vor der Natur und Umwelt sind Ziel und Grundlage unseres pädagogischen Handelns ebenso wie die Selbstachtung. Ohne die Erfahrung, geachtet zu werden, und ohne Selbstachtung können wir Achtung vor anderen nur schlecht aufbringen. Unser Augenmerk richtet sich daher in erster Linie darauf, Kindern Achtung zu erweisen und Obacht zu geben, dass wir diesem Grundsatz auch wirklich entsprechen.

Achtsamkeit verweist auf Behutsamkeit: Vorsicht, Feingefühl, Zurückhaltung... Behutsam mit Dingen, Menschen und Situationen umzugehen, das schafft Atmosphäre und wirkt ansteckend. Gerade gegenüber Kindern gebietet Behutsamkeit, zurückhaltend zu agieren, statt vorschnell und dominierend einzugreifen. Dies heißt jedoch nicht, sich aus allem herauszuhalten und die Kinder mit ihren Problemen womöglich allein zu lassen. Im Gegenteil: Wir wollen sie vor Herabsetzung schützen und ihnen klare Wertorientierungen bieten. Zu erkennen, welches Verhalten in den verschiedenen Situationen des Alltags jeweils angemessen ist – abwarten oder Position beziehen –, das setzt voraus, dass wir aufmerksam beobachten, um differenziert reagieren zu können.

Aufmerksamkeit

Achtsamkeit bedeutet Aufmerksamkeit. Aufmerksamkeit wiederum erfordert wache Sinne: genau hinschauen und zuhören, erkunden (wollen), was ein Kind will, was ihm wichtig ist, es in seiner Besonderheit sehen, seine Entwicklungsprozesse und Potenziale wahrnehmen, seine Leistungen anerkennen und seine Interessen achten, seine Gefühle und Grenzen erspüren. Aufmerksamkeit heißt, verstehen wollen, welchen Sinn Ereignisse für ein Kind haben, welche (Be-)Deutungen es den Dingen und Erlebnissen zumisst.

Achtsamkeit bezieht sich auf die Kinder, die Eltern und die Kolleginnen genau so wie auf die eigene Person, die eigene Wahrnehmung und die eigenen Gefühle. Zu erkennen, was mir gut tut und was nicht, entsprechend zu reagieren, das ist ein wesentlicher Bestandteil von Ich-Kompetenz. Wenn wir Kindern beim Erwerb dieser Kompetenz helfen wollen, sind wir als Vorbilder gefragt.

Noch mal Achtsamkeit

Achtsamkeit zeigt sich in den kleinen Dingen, in der Bedeutung, die ihnen zugemessen wird, und in der Liebe zum Detail. Woran kann man eine »achtsame Umgebung« erkennen? Zum Beispiel:

- Kinder nach ihrer Meinung und ihren Absichten fragen, statt für sie zu handeln. Das ist das Mindeste. Bei der Raumgestaltung oder der Anschaffung von Möbeln und Material ebenso wie beim Speiseplan und den Projektthemen. Beim Aufstellen und Überprüfen von Regeln sowieso. Fotos und Bilder auf Augenhöhe der Kinder anbringen, nicht nur auf Augenhöhe der Erwachsenen. Bei Dokumentationen ebenfalls die Augenhöhe der Kinder berücksichtigen: Beschriftung groß und von Symbolen begleitet, die Kinder verstehen.
- Kinder am Leben beteiligen, statt sie in künstliche Kinderwelten zu verbannen. Wirklich kochen und nicht nur in der Kinderküche mit stumpfen Messern an Plastikbananen und Kunststoffkartoffeln herumschnitzen. Bohrer und Sägen statt Plastikhämmerchen. Fragen als Ausgangspunkt für die Suche nach Lösungen nutzen und Erprobungsfelder bieten, statt vorschnelle Antworten zu geben und damit Forschungsprozesse abzuwürgen.
- Sich von der Lust der Kinder anstecken lassen, statt sie zu negieren. Ihre Impulse aufgreifen und ihnen freie Bahn verschaffen: Rennen und klettern, sich verstecken und verkleiden, Quatschworte erfinden und Schatzworte sammeln, »Ausdrücke« nicht einfach verbieten, sondern darüber reden...
- Kindern etwas zutrauen, ihnen vertrauen und sie loslassen, statt sie zu behüten. Kinder selbst entscheiden lassen, was sie brauchen und was ihnen gut tut, ihre Entscheidungen respektieren, sei es beim Essen oder Schlafen, bei der Wahl ihrer Spielpartner oder der Dauer ihres Spiels, statt sie zu bevormunden.

- Das Nein von Kindern akzeptieren, statt sie zu »überzeugen«.
- Sinnentleerte Rituale abschaffen. Rituale erfinden, die Vergnügen machen. Den Tisch mit den Kindern decken, ihn nach den Wünschen der Kinder schmücken, in den Farben, die sie mögen, und eine Geschichte erzählen. Morgendliche Begrüßungszeremonien, die jedem Kind das Gefühl geben: Schön, dass du da bist... Familienwände gestalten, die zeigen: Wir sind an deiner Familie, also an deinen Wurzeln interessiert. Fotos der Liebsten über den Schlafplätzen, Bücher in den Sprachen der Kinder, regelmäßige Vorleseaktionen. »Sternstunden« für Kinder einführen: Jedes Kind hat etwa alle 14 Tage ein Recht auf eine halbe Stunde allein mit einer Erzieherin seiner Wahl. In dieser Zeit ziehen sich die beiden zurück und tun, was das Kind sich wünscht. Am Ende des Kita-Tages »Freudestrahlen« einsammeln, also jedes einzelne Kind fragen: Worüber hast du dich heute gefreut? Auch die gegenteiligen Gefühle nicht vergessen. Kindermassagen initiieren, sich gegenseitig Geschichten auf den Rücken schreiben, sich darüber austauschen, was gut tut und was nicht.
- Ein Haus für Kinder schaffen, das ihnen wirklich gerecht wird und auf den ersten Blick zeigt, wie ernst das Wort Partizipation gemeint ist und wie aufmerksam wir die Bedingungen und Bedürfnisse jedes einzelnen Kindes im Blick haben.

Haltungen und Absichten brauchen entsprechende Strukturen, sonst besteht die Gefahr, dass wir Erwachsene den Kita-Alltag letztlich doch mit unseren Sichtweisen oder Gewohnheiten dominieren und die Achtsamkeit auf der Strecke bleibt. Davor kann Selbstreflexion schützen, wenn sie zur Selbstverständlichkeit wird, quasi zur zweiten Natur. Daran arbeiten wir.

»Lieb Kind« muss nicht lieb sein

Kinder tun die unterschiedlichsten Dinge. Sie wenden sich verschiedenen Menschen und Themen zu und wählen aus, was ihnen entspricht. Sie haben den Freiraum für eigene Entscheidungen, und wir erleben, was und wer ihnen wichtig ist.

Offene Arbeit legt die Wahrnehmung der Kinder durch mehrere Personen und in unterschiedlichen Situationen nahe. Dies erleichtert es, verschiedene Blickwinkel einzunehmen, sich auszutauschen und subjektive Interpretationen zu relativieren. Die Kooperation der Erzieherinnen und die zunehmende Eigenständigkeit der Kinder ermöglichen es, Raum und Zeit für die Zwiesprache mit einzelnen Kindern zu schaffen.

Die Bedingungen der Offenen Arbeit beeinflussen natürlich den Umgang der Kinder miteinander: Sie wählen ihre Freunde, können einander aber auch aus dem Weg gehen – freiwillige Konstellationen entstehen. Wen ich mag, auf den achte ich; wer mich mag, der achtet auf mich. So erleben die Kinder: Achtsamkeit hat etwas mit Beziehungen und Zuneigung zu tun, aber auch mit Achtung vor dem, den ich nicht so gerne mag, der mir nicht so nahe ist. Dies ist schwer, auch wir Erwachsene schaffen es nicht ohne Weiteres. Es fällt aber leichter, wenn wir nicht in eine Gemeinschaft gezwängt werden, nicht alle »lieb haben« müssen, aber selbst Achtung erfahren, auch wenn wir uns nicht »lieb Kind« machen.

All dies wirkt auch auf Eltern. Achtsamkeit gegenüber ihren Kindern, die Erfahrung, dass die Kinder aufmerksam begleitet und in ihrer Besonderheit gesehen werden, vermittelt Eltern nicht nur ein Gefühl von Sicherheit, sondern unterstützt sie darin, selbst achtsam zu sein. Und: Die Beachtung ihrer Kinder steigert das Selbstwertgefühl der Eltern. Auch sie fühlen sich beachtet und reagieren entsprechend vertrauensvoll.

Ein preiswertes Angebot

Achtsamkeit kostet nichts, braucht kein besonderes Budget, aber eine besondere Haltung. Diese Haltung, das wollen wir nicht verschweigen, greift um so leichter Raum, je entspannter die Situation in der Kita ist. Davon träumen viele Kolleginnen... Doch: Nicht immer sind es die äußeren Bedingungen, die Stress erzeugen, und sie sind es nicht allein. Selbst gemachter Druck und vermeidbare Konflikte belasten den Kita-Alltag zusätzlich: pädagogische Angebote um jeden Preis, unnötige Zergliederung des Tagesablaufs, Zeitdruck, unsinnige Regeln, unnötige Konflikte, unnötige Ermahnungen... So manches ließe sich vermeiden, wenn wir die Augen öffnen und schauen, welche Bedingungen den Kindern und uns wirklich zuträglich sind. Das nimmt uns keiner ab, wir müssen es schon selber tun, so achtsam wie möglich.

Stichwort: Veränderungen

Die einzige Konstante in der Offenen Arbeit ist die Veränderung. Kein Jahr ist wie das andere, Räume verändern sich, Sichtweisen, Blickwinkel... – und das ist gut so, denn Veränderung ist etwas Lustvolles. Sie hält uns wach und am Leben.

Das gegenwärtig lauter werdende Bedürfnis, zur Ruhe zu kommen, bezieht sich eher auf von außen aufgezwungene und oft höchst unerfreuliche Vorgaben. Durch äußere Veränderungen – in letzter Zeit sind das in vielen Fällen Verschlechterungen – werden wir zu inneren Veränderungen gezwungen, die beim besten Willen nicht immer als Chance wahrgenommen werden können. Dennoch: Veränderungen bleiben etwas Positives, vor allem natürlich, wenn sie dem Sinn des Unternehmens dienen und wir sie so selbstbestimmt wie eigenverantwortlich gestalten können.

Wurzeln

Offene Arbeit lebt von Menschen, die sich offen und mit Vergnügen auf Prozesse des Nach-Denkens und Neu-Denkens einlassen, ohne zurückliegende Erfahrungen zu entwerten oder ihre Erkenntniswege zu leugnen. Sie lebt von Menschen, die neue Einsichten nicht zum Anlass nehmen, alles Frühere für »falsch« zu erklären, sondern sie als Weiterentwicklung und Gewinn verstehen. Sie lebt von Teams, die verankert sind in einer gemeinsamen Geschichte und den roten Faden ihrer Entwicklung allmählich immer fester geknüpft haben. Offene Arbeit lebt davon, Veränderungsideen spinnen zu können, nicht obwohl, sondern gerade weil ein sicheres Bewusstsein bisheriger Qualität vorhanden ist. Wer eine standfeste Basis hat und klare Orientierungen in der Arbeit, muss auf neue Vorschläge nicht mehr verunsichert oder gar beleidigt reagieren: »War denn alles falsch, was wir bisher gemacht haben? Wir machen doch gute Arbeit!« Frischer Wind tut gut und wirft nicht gleich den ganzen Baum um.

Für mich ist die Reaktion auf Veränderungsideen mittlerweile ein zentrales Indiz für den Entwicklungsgrad eines Teams und die Zukunftsfähigkeit einer Einrichtung: je souveräner, um so offener für andere Gesichtspunkte und den kritischen Blick von außen. »Mit fremden Augen das Eigene sehen«, nennt es Regina Braun, eine Urmutter der Offenen Arbeit und Mitglied des Netzwerks. Souveränität ist ein Ergebnis jahrelanger Veränderungen auf allen Ebenen: bei einzelnen Personen, innerhalb ihrer Kompetenzen und Sichtweisen, in ihrem Selbstverständnis und ihrer Berufsauffassung.

Auch Konzepte und Arbeitsweisen ändern sich im Laufe der Zeit, weil wir neue Erkenntnisse gewinnen oder andere Prioritäten setzen. So haben wir in den letzten Jahren und Jahrzehnten viele Eindrücke aufgenommen und uns auf wechselnde Herausforderungen eingelassen. Ganz allmählich wandelte sich die Rolle von Pädagoginnen und Pädagogen, gewannen Kinderrechte und -freiheiten größeres Gewicht. Vielfalt und Differenzierung sind heute häufig gebrauchte Begriffe mit Qualitätsanspruch. An ihrer Umsetzung in die Praxis wird noch gearbeitet.

Veränderungen sind ein kontinuierlicher Prozess, der aber nicht immer und schon gar nicht bei allen gleich verläuft. Veränderungen entstehen aus wechselseitigen Impulsen. Sie brauchen Mut und Selbstvertrauen ebenso wie ein Bewusstsein für die gemeinsamen und persönlichen Wurzeln. Denn –

bei aller Begeisterung für Veränderungsprozesse – ohne Wurzeln fallen wir allzu leicht um.

Darum ist es gerade in der offenen Arbeit so wichtig, sich der Ursprünge, der Wegstrecken und Einflussfaktoren bewusst zu werden:

- Woher kommen wir?
- Woher kommt unsere Überzeugung?
- Wann sind wir mit welchen Gedanken »infiziert« worden?
- Wer hat uns beeinflusst?
- Welche Erfahrungen haben wir womit gemacht? Wie haben sie sich auf unser Selbstverständnis ausgewirkt?

Wir werden feststellen, dass es sowohl gemeinsame als auch völlig verschiedene Wurzeln gibt. Die Verständigung darüber kann ein sehr vergnüglicher Prozess sein und birgt die Chance besseren Verstehens in professioneller wie persönlicher Hinsicht.

Der rote Faden

Trotz aller Veränderung gibt es Kontinuität im Konzept der Offenen Arbeit. Wir haben Traditionen, bleibende Werte und Überzeugungen. Es gibt einen roten Faden, der sich durch alle verschlungenen Wege und Umwege zieht: Niemanden ausgrenzen, auf Besonderheiten besonders reagieren, persönliche Grenzen respektieren, Beteiligung und Selbstbestimmung sichern, Organisation und Strukturen an den Bedürfnissen der Menschen ausrichten.

Diese Konstanten wahrzunehmen und zu pflegen, das steht Veränderungen nicht entgegen. Im Gegenteil. Ziehen wir die Veränderungsetappen wie Perlen auf diesen roten Faden, ergibt sich eine Kette, die zur Sicherung unserer Standfestigkeit dienen kann.

Gerade die Orientierung an konstanten Werten wie beispielsweise Respekt erfordert Veränderungen von Strukturen und Handlungen. Denn die Kinder und ihre Familien sind nicht gleich, ihre Lebensbedingungen und Ansprüche haben sich gewandelt. Auf diese Wandlungen müssen wir angemessen reagieren. Deshalb ist Differenzierung einer unserer Basisbegriffe. Entsprechendes Denken und Handeln erfordert Flexibilität, die sich wiederum nur realisieren lässt, wenn wir uns auf Veränderungen als Normalfall einstellen.

Wann immer die Alltagsorganisation zu Konflikten, zu Stress und Unzufriedenheit führt, ist Aufmerksamkeit gefragt:

- Muss etwas so bleiben, wie es ist?
- Können wir die Organisation besser an die Bedürfnisse der Menschen anpassen, für die wir arbeiten?
- Was signalisieren das (störende?) Verhalten von Kindern, die Kritik von Eltern, die eigene Genervtheit?
- Was können wir tun, verändern, verbessern? Statt: Wer ist schuld, wer funktioniert nicht, wie gewünscht?

Wenn die Richtschnur des Handelns darin besteht, den Familien das Leben zu erleichtern und den Kindern größtmöglichen Handlungs- und Entscheidungsspielraum zu verschaffen, dann ergeben sich automatisch immer wieder neue Ideen für Raum- und Zeitstrukturen. So kann beispielsweise die simple Umstellung auf die flexible Gestaltung des Frühstücks für die Familien wie für uns Entspannung bringen und die unterschiedlichsten Lebenssituationen integrieren.

Die Verabschiedung von starren Gewohnheiten entspannt den Alltag ungemein. Überhaupt verändert und normalisiert die Entrümpelung von Regeln – natürlich gemeinsam mit den Kindern – das Zusammenleben in der Kita. Wenn der kindliche Drang zu rennen nicht mehr als verhaltensgestört, weil störend, interpretiert wird, sondern als elementare Lebensäußerung der Bewegungsfreude, wenn gar die Bildungselemente darin entdeckt werden, dann sind Veränderungen auf allen Seiten programmiert.

»Das haben wir schon immer so gemacht« ist in diesem Zusammenhang keine förderliche Feststellung. Zu fragen wäre vielmehr: Was haben wir warum wie gemacht? Wem nützt es, wenn wir es weiter so machen? »Weiter so« will gut begründet sein, mindestens so gut wie die Veränderung.

Übrigens kommt eine Veränderung selten allein. Sie zieht weitere nach sich und wird zum Selbstläufer. So ist es in der Offenen Arbeit: Die Koordinaten ändern sich, die Perspektive wechselt, und nichts bleibt, wie es ist. Leben eben.

Stichwort: Aktionsbereiche

Geht es um Offene Arbeit, stehen Funktionsräume ganz oben auf der Liste. Das ist kein Zufall. Die gemeinsame Nutzung aller Ressourcen und die systematische Gestaltung unterschiedlicher Aktionsbereiche sind die markantesten Merkmale von Öffnungsprozessen.

Zudem handelt es sich bei der Auflösung der traditionellen Gruppenräume um den schwierigsten Schritt – für die Erwachsenen. »Meine« Kinder loslassen, sich von Möbeln und Spielen verabschieden, das bedeutet, langjährige Gewohnheiten aufzugeben und sich auf gänzlich neue Erfahrungen einzulassen. Dieser Veränderungsprozess ist verknüpft mit veränderten Blickwinkeln und einer neuen Definition der eigenen Rolle im Verhältnis zu Kindern, aber auch mit neuen Formen der Zusammenarbeit im Team. Kurz: Mit der Veränderung der Raumstrukturen ändert sich alles.

Der Geist dominiert

Wir haben die »Funktionsräume« dennoch nicht an den Anfang unserer Stichworte gesetzt, weil wir der Überzeugung sind, dass sie nur dann ihren Zweck erfüllen, wenn sie von »offenem« Geist belebt sind. Die äußere Gestaltung muss sich aus den Grundorientierungen der Offenen Arbeit ableiten und immer wieder daraufhin überprüft werden. Im Prozess von Zielklärungen, neuen Erfahrungen und gemeinsamer Reflexion bauen sich Ängste und Vorurteile allmählich ab, Prioritäten verschieben sich.

Das Was, vor allem aber das Wie und Warum können verändert werden, müssen dies zuweilen sogar, wenn sich die Bedingungen ändern oder neue Einsichten gewonnen wurden. Was bleibt und sich im Laufe der Zeit immer mehr festigt, sind die Grundlinien, an denen wir unsere Arbeit messen und ausrichten.

So wichtig die Veränderung der Raumstrukturen aus unserer Sicht auch ist, Funktionsräume allein sind nicht automatisch ein Zeichen für Offene Arbeit, wie wir sie verstehen. Es gibt Einrichtungen, in denen manche der angeblich offenen Räume verschlossen bleiben, wenn kein Erwachsener drin ist, Kinder verplant und zu vorgeschriebenen pädagogischen »Angeboten« zwangsverpflichtet werden, die Erwachsene mit ihren Regeln und Ordnungsvorstellungen dominieren. Wahlmöglichkeiten werden eingeschränkt, von Entscheidungsspielräumen für Kinder ist keine Spur.

Daher benutzen wir den Begriff Funktionsräume eher mit Vorsicht. Er birgt die Gefahr, in schematisches Denken zu verfallen und die Dinge auf den Kopf zu stellen.

Die Ziele im Blick

Immer wieder ist zu fragen, welchen Sinn diese oder jene Zuordnung von Funktionen und Materialien für die Kinder hat:

- Welche Entscheidungsspielräume werden eröffnet?
- Welche Handlungsalternativen bieten sich den Kindern?
- Welche Anregungen und Gestaltungsmöglichkeiten finden sie dort?
- Inwiefern entspricht die Nutzung und Gestaltung der Räume den zentralen Zielen Offener Arbeit?

Diese Ziele sind:

- Kindern ein Umfeld zu schaffen, in dem sie Respekt vor ihren individuellen Wünschen und Gefühlen erfahren, ihren Impulsen und Interessen folgen und sich nach ihren Wünschen zu Spiel- und Arbeitsgruppen zusammen schließen können.
- Kindern einen Erfahrungsort zu bieten, an dem das Nein eines Kindes ebenso viel gilt wie das eines Erwachsenen.
- Eine (Bildungs-)Umwelt zu gestalten, die Kindern Neues bietet, sie zu mutigen Unternehmungen herausfordert und damit zu weiteren Schritten in ihrer Entwicklung.
- Kindern die Chance zu sichern, sich in eigenem Tempo und entlang eigener Fragen darauf einzulassen.
- Eine Atmosphäre der Sicherheit und Aufmerksamkeit zu schaffen, in der Kommunikation im wahrsten Sinne des Wortes Raum erhält, die aber auch den Rückzug ermöglicht.
- Für ein Klima des Wohlbefindens zu sorgen, in dem sich alle kleinen und großen Menschen in Ruhe aufeinander beziehen und sich gemeinsam entwickeln können, in dem Gelassenheit herrscht und jeder Einzelne seinen Platz findet, in dem Kinder demokratische Grunderfahrungen machen und ihre eigene Wirksamkeit erleben können.

Folgen wir diesen Grundsätzen, werden wir Funktionsräume nicht zum Selbstzweck erklären und einmal gefundene Gestaltungen nicht für die einzig möglichen halten. Behalten wir die Entwicklungsprozesse der Kinder im Auge, nehmen wir Veränderungen wahr und sehen, welche Spielideen Kinder entwickeln, welche Fragen an die Welt sie beschäftigen, dann ergeben sich neue Notwendigkeiten für die Nutzung und Gestaltung der vorhandenen Räume.

Wenn wir das tun, was das Allerwichtigste ist, nämlich die Kinder zu ihren Vorstellungen zu befragen, ihre Verbesserungsideen einzuholen, in einen permanenten Dialog mit ihnen zu treten, kommen auch wir auf ganz neue Ideen und verabschieden uns von so manchem alten Zopf.

Weg mit dem Selbstzweck

Warum sollen Materialien im »passenden« Raum bleiben und nur dort genutzt werden dürfen, obwohl das Spiel der Kinder immer mehr ist als nur Bewegung, nur Forschen, nur Rollenspiel? Experimente mit Wasser werden von Kindern in Szene gesetzt: Sie schlüpfen in andere Gestalten, werden Waschfrauen oder Gärtner, Chemiker oder Baumeister. Sie sprechen mit sich selbst, geben einander Anweisungen, erfinden imaginäre Mitspieler und schaffen sich eine fantastische Welt nach ihren inneren Bildern. Sie geben ihrem Tun einen Sinn, den wir nicht immer entschlüsseln.

Natürlich brauchen sie Verkleidungssachen im Bauraum, wenn sie dort gerade eine Ritterburg errichten und gleich das Turnier beginnt. Natürlich schleppen sie die Möbel dort hin, wo ihr Spiel gerade seinen Ort hat. Natürlich wird die Ordnung der Erwachsenen dabei durchbrochen. Na und?

Auch Ordnung ist kein Selbstzweck. Und Aufräumen schon gar nicht.

Andererseits: Die systematische Zuordnung von Material erleichtert die Orientierung und schafft außerdem einen anregenden Rahmen für konzentriertes Tun. Daher ist es sinnvoll, das System immer wieder herzustellen – allerdings nicht ohne es auf seine Wirkungen und seinen Nutzen für Kinder zu überprüfen.

Freiheit schaffen

Ein wesentlicher Gesichtspunkt bei der Planung von Räumen besteht darin, unterschiedliche Aktionen parallel zu ermöglichen, ohne Störungen zu provozieren. Wenn Ruhebedürfnis und Bewegungsfreude räumlich getrennt ausgelebt werden können, müssen die einen Kinder nicht besonders geschützt werden, und die anderen hören nicht dauernd das mahnende »Pst, pst«. Alles rund um Bücher, Schrift und Zeichen zu bündeln und Raum für großflächige Malaktionen an anderer Stelle zu schaffen – das erleichtert das Arbeiten und ermöglicht höhere Qualität der Ausstattung.

Ein wichtiges Ziel der Veränderung von Raumkonzepten: Die zugestellten Welten der Kinder frei räumen. Tische und Stühle nur noch dort stehen lassen, wo die Kinder sie wirklich brauchen. Freiflächen schaffen und den Aktionsradius für kindliche Bewegungs- und Gestaltungsfreude auf diese Weise erweitern. Daher ist es sinnvoll, ein zentrales Restaurant zu schaffen und einladend zu gestalten. Werden hier die Tischspiele deponiert, kann der Raum auch außerhalb der Essenszeiten und in Ruhe genutzt werden.

Wenn nicht mehr in Gruppenräumen gedacht wird, bietet sich die Chance, unterschiedliche Raumgrößen und -typen zu schaffen und mit passenden Farben und Lichtquellen unterschiedliche Stimmungen zu erzeugen. So kann ein Kind den Raum suchen, der seinem gegenwärtigen Bedürfnis am Besten entspricht. Umgekehrt prägen Räume Gefühle und Verhalten, und die Erfahrung zeigt, dass durch kluge Raumnutzung und -gestaltung ein entspannteres Gesamtklima entsteht.

Neue Namen

In der Offenen Arbeit werden Kinder an der Planung und Gestaltung ihres Hauses beteiligt. So auch an der Suche nach Namen, die anschaulich bezeichnen, was in einem Raum passiert. Kinder sind ausgesprochen kreativ, auch bei Wortfindungen.

Maßstabgerechte Baupläne und Modelle anfertigen, sich über Prioritäten streiten und über Farben verständigen, die Wände bemalen und Möbel schleppen, Materialien verteilen und die gefundenen Namen in Wort, Schrift und Bild an den Türen anbringen.... Was immer im Zusammenhang mit Räumen zu bedenken und zu tun ist – Bildungsprozesse finden dabei in jedem Fall statt und zwar in allen wichtigen Bereichen. Besser kann man sie nicht unterstützen.

Hier noch ein paar Namen aus unserer Schatz(w)ortsammlung: Welt-Raum, Marktplatz, Orte für Worte, Wortwerkstatt, Drachenhöhle, Raumstation, Traumstation, Auseinandernehm-Raum, Kinder-Klebe-Kabinett, Unterwasserwelt, Boutique, Baustelle – »Betreten für Erwachsene nur in Begleitung von Kindern gestattet« – Wellness-Bereich, Ausruh-Ecke, Klön-Ecke, Insel, Rennbahn, Krachmacher-Raum und Stille-Raum. Mein Favorit ist der »Nichtsundohne-Raum«.

Funktionsräume, dieses Wort hört sich wenig anregend an. Da wir sowieso immer seltener in einzelnen Räumen und statt dessen mehr in Bereichen denken, kann es nicht schaden, auch hier auf die Suche nach einem anderen Begriff zu gehen. Wie wäre es mit Spiel-Plätze, Aktionsbereiche, Bildungsorte, Lernwelten? Zugegeben, hört sich alles noch zu technisch und pädagogisch an. Bessere Vorschläge werden gern entgegengenommen. Vielleicht fragen wir mal die Kinder?

Stichwort: Kinder unter Drei

Werden Öffnungsprozesse geplant, ist die Auflösung der klassischen Gruppenräume der entscheidende Schritt. Alle Gegebenheiten werden überprüft und neu sortiert, damit Räume, Materialien, Zeiten und Kompetenzen effektiver genutzt und Potenziale besser ausgeschöpft werden können. Das Spektrum möglicher Beziehungen erweitert sich, Mischungen aller Art ergeben sich zwanglos und nach Wunsch. Damit gewinnen Kinder wie Erwachsene Spielräume und Entfaltungsmöglichkeiten. Viele Kolleginnen erkennen das und verabschieden sich zunehmend von »Mein« und »Dein«: mein Gruppenraum, meine Möbel, mein Spielzeug...

Das ist ein schwieriger Schritt, denn er verlangt, sich einzulassen auf Veränderungen und neue Erfahrungen, ohne vorher genau zu wissen, wie sich alles entwickeln wird. Er verlangt, Gewohnheiten aufzugeben und Einblicke ins eigene Handeln zu gewähren, sich auf Auseinandersetzungen einzulassen und auf erweiterte Zusammenarbeit. Vor allem aber verlangt dieser Schritt, »meine« Kinder loszulassen. Und das ist für uns Erwachsene ein Problem, ob wir Eltern oder Erzieherinnen sind. Je älter die Kinder, um so leichter fällt es uns. Bei Kindern unter drei Jahren dominiert die Skepsis. Deshalb betrifft einer der zentralen Zweifel gegenüber der Öffnung die Arbeit mit den Kleinsten.

Die Zweifel

Brauchen sehr junge Kinder nicht die kontinuierliche Nähe zu einer bestimmten Person, um Vertrauen zu gewinnen und sich von den Eltern lösen zu können? Ist nicht die Bindung an »ihre« Erzieherin für sie das Wichtigste? Sind die Kleinsten nicht überfordert, wenn ihnen zu viele neue Kinder auf einmal begegnen? Ist es nicht besonders wichtig für sie, einen überschaubaren Ort zu haben, um sich zu orientieren? Fühlen sie sich in offenen Räumen mit vielen Möglichkeiten nicht eher verloren? Haben Eltern nicht den Wunsch und den Anspruch, ihr Kind in der Obhut einer Erzieherin zu wissen, die das Kind im Blick hat? Wollen Eltern nicht genau wissen, wo sich ihr Kind aufhält, um sich sicher zu fühlen? Ist all dies in der Offenen Arbeit überhaupt möglich?

Vorab: Ja, alles ist möglich. Aber es ist notwendig, sich darüber Gedanken zu machen.

All die aufgeführten Fragen sind berechtigt, und sie weisen darauf hin, dass wir flexible und für die Kinder jeweils »passende« Lösungen suchen müssen. Sie weisen zugleich darauf hin, dass Befürchtungen und Widerstände gegenüber der Öffnung nicht einfach als Ausdruck von Rückständigkeit abgetan werden dürfen, sondern wertvoll für den Diskussionsprozess sind: Jedes der befürchteten Probleme ist realistisch und muss bei der Planung bedacht werden.

Beziehungen und Vertrauen

In der Tat ist es besonders für die Jüngsten wichtig, in eine für sie überschaubare Welt zu kommen und nicht mit einer Fülle von Eindrücken überschüttet zu werden. Andererseits haben Kinder in jedem Alter das Recht auf eine interessante und ihre Neugier herausfordernde Umwelt.

Damit sie die vielen Möglichkeiten, die sich ihnen in einer offenen Kita bieten, nach und nach erkunden und ihren Erlebnisradius ausdehnen können, brauchen sie die Gewissheit, dass sie selbst es sind, die das Tempo und die Schritte bestimmen, wenn sie sich diese neue Welt erobern.

Basis hierfür ist die Erfahrung – und dies gilt für Kinder jeden Alters –, dass sie jederzeit in einen vertrauten »Hafen« zurückkehren können und dass es Erwachsene gibt, die da sind, wann immer sie gebraucht werden. Verlässliche Beziehungen sind die Basis von Bildungsprozessen.

Beziehungen sind jedoch mehr als bloße Nähe und gedeihen dann am besten, wenn sie auf Vertrauen gründen. Vertrauen wiederum braucht entsprechende Erfahrungen: Meine Gefühle werden respektiert, meine Wünsche verstanden, meine Bedürfnisse erfüllt, meine Interessen gesehen, meine Leistungen anerkannt.
Beziehungen leben von wechselseitiger Attraktivität.

Erwachsene, die etwas zu bieten haben, die anstecken mit dem, was sie tun, wecken schon bei kleinen Kindern Interesse an Menschen und Dingen. Sind sie aufmerksam gegenüber den Impulsen der Kinder und reagieren sie interessiert, werden die Beziehungen enger und die Spielräume der Kinder gleichzeitig weiter.

Beziehungen sind der Rahmen für den Dialog. Gibt es positive Resonanzen auf meine Signale und das Bemühen, mich zu verstehen, lohnt es sich, mich weiterhin verständlich zu machen. Erlebe ich wohlwollende Unterstützung und Hilfe dort, wo ich sie brauche, aber auch Vertrauen in meine wachsende Kompetenz, werde ich mutiger.

Beziehungen sind immer da, auch ohne Worte oder bewusste Handlungen. Blicke und Körperhaltung, Mimik und Gestik, Tonlage und Betonungen – all das schafft einen Rahmen, in dem Emotionen erzeugt und transportiert werden. Daran sind alle Menschen im jeweiligen Beziehungsgeflecht beteiligt. Doch im Verhältnis zwischen Kindern und Erwachsenen tragen letztere die weitaus größere Verantwortung. Erzieherinnen knüpfen das Lern- und Wohlfühlklima wie ein Netz, das die Kinder auf ihren Entdeckungstouren trägt.

Erfahren Kinder, dass sie sich auf die Erwachsenen in der Kita verlassen können, ist dies ein größerer Gewinn für ihre emotionale Stabilität als die enge An-Bindung an eine einzelne Person. Wenn sie erleben, dass sie mit ihren Bedürfnissen hier im Mittelpunkt stehen, wächst ein Grundvertrauen in die Erzieherin als »Spezies«.

Da andere Kinder von Anfang an interessant sind, wenden bereits die Jüngsten ihre Aufmerksamkeit ihresgleichen zu. Diese Beziehungen sind mindestens so wichtig wie die zu den Erwachsenen und folgen ihren eigenen Mustern: Wer bin ich? Und wer bist du? Was für Töne gibst du von dir, wenn ich dich kneife? Wer ist größer, wer ist stärker, wer gewinnt? Bist du freundlich? Oder muss ich dir mit Vorsicht begegnen? Was kannst du, das ich auch können will? Was kann ich, das du noch nicht kannst? Können wir zusammen etwas unternehmen? Können wir uns verständigen? Freust du dich, wenn ich komme? Wer gehört zu dir?

Schon im Krippenalter wachsen Freundschaften und entstehen Animositäten. Schon die Kleinsten finden eigene Lösungen für ihre Konflikte und unterhalten sich miteinander.

Beziehungen und Bindungen

Beziehungen sind nicht identisch mit Bindungen. Erste und wichtigste Bindungspersonen sind Eltern, Geschwister und andere Familienmitglieder, mit denen ein Kind zusammenlebt. Zu diesen Personen treten Erzieherinnen nicht in Konkurrenz. Warum auch?

Die Bindung als tiefe emotionale Beziehung zu einem, zu »meinen« Menschen brauche ich nicht in großer Zahl. Wenige intensive Bindungen sind genug. Was ich aber brauche, was mein Blickfeld erweitert und meine soziale Welt vergrößert, sind möglichst viele Beziehungen. Darin erfahre ich die Unterschiedlichkeit von Menschen und von Verbindungen zwischen Menschen: Nicht alle sind gleich und mir gleich wichtig. Nicht alle bieten mir das Gleiche. Ich kann vergleichen und mir – je nach Bedarf – das holen, was mir gut tut. Ich kann mich auch entfernen, wenn mir in einer Beziehung nicht wohl ist, denn im Unterschied zur Familie, in die ich hineingeboren wurde, habe ich in der Kita die Auswahl. Diese Chance wollen wir Kindern gönnen – in jedem Alter.

Beziehungen und Beachtung

Unsere Aufgabe besteht darin, Entwicklungsprozesse der Kinder wahrzunehmen und zu unterstützen. Dazu müssen wir genau hinschauen und auf das achten, was tatsächlich passiert, jedes Kind in seiner Besonderheit sehen und aufmerksam sein für seine spezifischen Bedürfnisse, auch seine Beziehungsbedürfnisse. Nur dann können wir angemessen reagieren.

Beobachtung als Beachtung im Sinne von Achtung vor dem Kind zu verstehen, das steht im Zentrum:

- Beachtung von Impulsen und Signalen, von persönlichen Grenzen und Befindlichkeiten des Kindes;
- Beachtung seiner sich wandelnden Bedürfnisse und seiner Selbstwahrnehmung;
- Beachtung seiner Fragen an die Welt und an seine eigene Rolle darin;
- Beachtung seiner Suche nach Anerkennung und Resonanz, seiner Entwicklungsschritte, Leistungen und wachsenden Kompetenzen.

Wenn wir dies sichern, ergeben sich die Konsequenzen für unser Handeln wie von selbst. Es wird sich zeigen, was die einzelnen Kinder brauchen. Sie sind in jedem Alter unterschiedlich. Manche Dreijährigen halten sich am liebsten in der Nähe ihrer Lieblingserzieherin auf, andere möchten spätestens mit einem Jahr hinaus in die Welt, wenn sie interessant genug ist.

Welche Kinder welche räumliche und persönliche Nähe brauchen, das lässt sich nicht generalisieren und daher auch nicht allgemein gültig beantworten. Sie zeigen es uns.

Das »Nest« und seine Umgebung

Es ist sinnvoll, einen Bereich im Haus oder auf der Etage zu schaffen, der jederzeit als Rückzugsort für die Jüngsten zur Verfügung steht, in dem die Kinder sich so lange aufhalten können, wie sie es möchten, und zu dem sie zurückkehren können, wenn ihnen danach ist. Neue Kinder in diesem »Nest« einzugewöhnen, das bietet sich ebenso an wie ein fester Stamm von Erzieherinnen, die immer dort anzutreffen sind.

Die Kinder entscheiden selbst, wann sie ihre Nase hinausstrecken, wann sie sich auf den Weg machen und in wessen Begleitung. Je sicherer sie sich fühlen und je aufregender es außerhalb des »Nestes« ist, desto häufiger werden die Kinder solche Ausflüge machen wollen.

Gemeinsame Exkursionen mit mehreren Kindern fördern die Lust, den Radius auszudehnen. Auf diese Weise können die anderen Menschen und Räume »beschnuppert« und spätere Übergangsschwierigkeiten gemindert werden. Die Kinder entwickeln ein Verständnis von Drinnen und Draußen und eignen sich schrittweise das ganze Haus an.

Wie alle anderen Räume müssen »Nest«-Bereiche passend gestaltet sein. Was passend ist, hängt nicht nur vom Alter und Entwicklungsstand der Kinder ab, sondern ebenso von ihren Besonderheiten und Vorerfahrungen, das heißt, auch von dem, das für sie etwas Neues ist.

Die »Nest«-Bereiche müssen Schutz- und Sicherheit genauso bieten wie Dinge, die neugierig machen. Stehen mehrere Räume zur Verfügung, können Ruhezonen und bewegungsintensive Bereiche innerhalb des »Nestes« voneinander getrennt werden. Das entspannt.

Was immer gegeben sein muss:

- Höhlen und Verstecke, Ruheinseln und Kuschelecken mit Decken, Kissen und gedämpftem Licht;
- Orte, die zum Träumen einladen, lassen sich wunderbar mit Schlafplätzen kombinieren. So erübrigt sich das tägliche Matratzenräumen;
- Klettermöglichkeiten, verschiedene Ebenen, Rennstrecken, zum Beispiel auf Fluren, fahrbare Untersätze, kurz: Alles, was die Bewegungslust unterstützt;
- Schaukeln aller Art, Hängematten, Hängesessel;
- Spiegel, um sich zu betrachten und wiederzuerkennen, am besten kombiniert mit Fotos der Kinder und ihrer Familien;
- Tücher und Hüte, um darin und darunter zu verschwinden;
- Matsch- und Planschbecken, Sandecken, große Malflächen an entsprechend präparierten Wänden und auf dem Boden, verschiedene Materialien und Sinnesanregungen;
- Waschräume, die mehr bieten als Hygiene, die der Freude an Wasserspielen entgegenkommen und sich auch gut zum Malen eignen;
- Wickelplätze, die zum Verweilen einladen, zum Entdecken des eigenen Körpers, zur Kommunikation und die so gestaltet sind, dass die Erwachsenen sich und dem Kind Zeit lassen können;
- Anregungen und Gelegenheiten, um der Lust am Schütten und Verteilen, Ein- und Auswickeln, Reißen und Zusammenfügen nachgeben zu können;
- Kisten und Kästen zum Auf- und Zumachen, zum Bauen und Konstruieren;
- Erzähl- und Vorleseecken mit angenehmem Licht, möglichst mit einem Sofa, auf dem auch Erwachsene bequem sitzen und Kinder im Arm halten können;
- Essplätze zum »Mitwachsen«, an denen man gerne sitzt und sich unterhält.

Sind die Räume im »Nest«-Bereich vielseitig, anregend und anheimelnd, können die Kinder all das erproben, was sie weiterbringt. Zugleich finden sie die Sicherheit, persönliche Nähe und Orientierung, die sie brauchen. Die Eltern ebenso.

Respekt und Aufmerksamkeit

Kleine Kinder in der Offenen Arbeit? Geht das überhaupt? Das war die Ausgangsfrage.
Unsere Antwort: Ja, das geht. Und es geht gut.

Die Prinzipien und Leitlinien der Offenen Arbeit gelten immer, unabhängig vom Alter der Kinder:

- Differenzierung und Flexibilität,
- Erweiterung von Handlungs- und Erfahrungsspielräumen,
- Entscheidungsfreiheit im Rahmen der entwickelten Fähigkeiten, Alternativen und Wahlmöglichkeiten.

Sie erfordern, dass alle personellen und materiellen Ressourcen gemeinsam genutzt werden.

Leiten Respekt und Aufmerksamkeit das Handeln der Erwachsenen, können die Bedingungen so gestaltet werden, dass jedes Kind das findet, was ihm entspricht. Gehören wechselseitige Rückmeldungen und der Austausch über die Kinder zur Teamkultur, wird Professionalität auch für Eltern erkennbar. Und wenn die Bereitschaft zur Zusammenarbeit, die Lust auf persönliche Weiterentwicklung unter den Kolleginnen Raum greifen, lassen Öffnungsprozesse nicht nur die Kinder »zu neuen Ufern« aufbrechen. Wichtig ist, darauf zu achten, dass niemand gezwungen und behindert, überfordert oder gebremst wird – egal, wie klein oder groß er oder sie ist.

Das Geheimnis der Offenen Arbeit liegt darin, die Ansprüche der Kinder zu erfüllen und zugleich die Kompetenzen der Erwachsenen zu nutzen: Wer hat Lust, sich auf die Kleinsten einzulassen? Wer traut sich zu, ihre Entwicklungen zu begleiten? Wer sieht die Bedeutung der ersten Jahre und möchte sich weiteres Wissen aneignen? Wer traut sich zu, Kinder auch dann zu verstehen, wenn sie sich noch nicht verbal ausdrücken? Wer möchte sich mit Beobachtung in dieser Altersgruppe befassen? Wer hat ein »Händchen« im Umgang mit Eltern und ihren Ängsten?

Sowohl die Verantwortung als auch die Anforderungen an fachliche und persönliche Kompetenzen sind in der Arbeit mit den jüngsten Kinderr besonders hoch. Zu den Kompetenzanforderungen in der Arbeit mit den Jüngsten gehören:

- Aufmerksamkeit gegenüber den besonderen Äußerungsformen der Kinder;
- Wahrnehmung ihrer jeweiligen Impulse, »Entwicklungsfenster« erkennen;
- den individuellen Rhythmus jedes Kindes berücksichtigen;
- flexible Organisationsformen schaffen: Essen, Schlafen, Bringe-Zeiten;
- Räume vielfältig, anregend und eigensinnig nutzbar gestalten;
- Entwicklungsstufen und -schritte erkennen und anerkennen;
- mit den Kinder die alltäglichen Verrichtungen »besprechen«, ihr Tun mit liebevollen Worten begleiten;
- den Kindern das sichere Gefühl geben, willkommen auf dieser Welt und in dieser Kita zu sein;
- singen, das mindert den Stress auf allen Seiten;
- Wünsche und Ängste der Eltern ernst nehmen und darauf angemessen reagieren;
- für Gespräche und Austausch offen sein, die Eltern einbeziehen;
- Beobachtungen unter Kolleginnen und mit Eltern austauschen;
- eigenes Handeln überprüfen und sich von Kolleginnen oder anderen Personen Rückmeldungen holen;
- Austausch und Auseinandersetzungen nicht fürchten, sondern suchen;
- bei Überforderung Hilfe anfordern, nicht um jeden Preis »durchhalten«;
- loslassen und dennoch da sein;
- Vertrauen unter Kolleginnen entwickeln und sich aufeinander verlassen;
- im Dialog miteinander und mit den Kindern bleiben: Dialog ist nicht nur Zwiesprache, sondern Suche nach anderen Blickwinkeln und neuen Einsichten;
- Lösungen für möglich halten, die wir noch nicht kennen.

Für diese Arbeit fehlt es nach wie vor an öffentlicher Anerkennung. Daher brauchen Erzieherinnen, die sich darauf konzentrieren, ein hohes Maß an Selbstbewusstsein und die Fähigkeit, die Bedeutung ihrer Arbeit darzustellen – innerhalb des Teams, gegenüber den Eltern und nach außen.

Offene Arbeit heißt auch: Von innen raus-, von außen reinschauen. Das funktioniert um so besser, je durchlässiger die Grenzen zwischen allen Bereichen sind und je mehr es zur Gewohnheit wird, sich zusammenzutun. Insofern ist es wichtig, keine für alle Zeiten festen Zuschreibungen vorzunehmen, sondern die Verantwortungsbereiche innerhalb des Teams von Zeit zu Zeit zu überdenken und bei Bedarf zu verändern.

Kurz: Kleine Kinder im Haus sind kein Hindernis für Öffnung. Sie erfordern »nur« die übliche Flexibilität und kreative Ideen.

Stichwort: Streitkultur

Offen zu arbeiten bedeutet, wachsam gegenüber dem eigenen Handeln und Verhalten zu bleiben und sich gegenseitig zu spiegeln. Andernfalls laufen wir Gefahr, uns auf unseren Lorbeeren auszuruhen, einzuschlafen und von Weiterentwicklung nur noch zu träumen.

Eine der Grundlagen für Weiterentwicklung ist die Auseinandersetzung über Ziele und Arbeitsweisen, über das, was warum gut und richtig ist. Aber leider ist Auseinandersetzung, produktives Streiten-Können eine Kompetenz, über die nur wenige von uns Erwachsenen verfügen. Zu oft haben wir erfahren, dass Streit zu persönlichen Verletzungen führt und nicht gemeinsame Weiterentwicklung, sondern Verstummen oder Trotz, im schlimmsten Fall sogar Trennung die Folgen sind. Deshalb haben besonders wir Frauen Vermeidungsstrategien entwickelt.

Hauptsache Harmonie!

In vielen Köpfen sitzt die Vorstellung, Streit sei das Gegenteil von sozialem Verhalten, und Harmonie sei das höchste Gut: »Piep, piep, piep, wir haben uns alle lieb...«

Harmonie entsteht aber nicht, wenn alle die gleiche Melodie flöten, sondern dann, wenn ein Zusammenspiel unterschiedlicher Instrumente und Klänge gelingt. Dazu bedarf es der Abstimmung, der wechselseitigen Aufmerksamkeit, einer gemeinsamen Partitur und ständiger Orchesterproben. Vor allem aber muss jedes einzelne Instrument mit seinen eigenen und besonderen Tönen erst einmal gehört werden, damit es seinen Platz finden und sich den anderen Instrumenten zuordnen kann.

Wenn wir einander nicht zuhören, wenn wir nicht aufmerksam sind und auch mal innehalten, können wir Misstöne zwar hören, ihre Quelle aber nicht orten. Dies allein dem Dirigenten zu überlassen, damit er sich an unserer statt unbeliebt mache, ist zwar leicht, aber wir geben damit alle Verantwortung ab und verschenken vor allem die Chance auf den Ausbau unserer eigenen Professionalität.

Wenn zwei sich streiten...

Es gibt noch weitere Gründe, warum wir Streit für einen wichtigen Baustein der Offenen Arbeit halten: Lebendigkeit und Arbeitsfreude.

Tatsächlich, Streitlust ist ein wichtiges Element des Wohlbefindens. Und zwar nicht allein der »emotionalen Entlüftung« wegen, damit kein Stau entsteht, sondern um Futter für den inneren Motor zu beschaffen. In der Auseinandersetzung merken wir nämlich, welche Argumente nicht wasserdicht sind, müssen sie überprüfen und unterfüttern. Dazu brauchen wir den Blickwinkel des »Kontrahenten«, der uns seine Sichtweise »schenkt«.

Und: Wenn zwei sich streiten, entsteht etwas Drittes. Es entwickeln sich Gedanken und Ideen, die es vorher vielleicht noch nicht gab. Vorausgesetzt, wir hören einander tatsächlich zu, fragen nach und bemühen uns ernsthaft, den Denkmodellen unseres Streitpartners zu folgen. Schleifen also nicht schon in Gedanken unsere Gegenargumente, während unser Gegenüber noch spricht.

Streitkultur im Team zu entwickeln, das erfordert ein Übungsfeld und ausreichende Übungszeiten. Dieses Übungsfeld ist ein gefährliches Gelände, denn Stolperfallen und Irrwege sind nicht auszuschließen. Wenn die ersten Tränen fließen, greift Hilflosigkeit Raum, und die klassische beleidigte Leberwurst lässt sich eventuell eher aus ihrer Pelle holen als eine Kollegin, die sich in ihr Schneckenhaus zurückgezogen hat.

Im Umgang mit diesen Schwierigkeiten erweisen sich die Kompetenzen der Kolleginnen und ihre Fähigkeiten, über diverse Schatten zu springen. Mehr noch: Geht es sachte und sensibel zu, entwickeln sich nicht nur solche Kompetenzen, sondern es entstehen vertrauensvolle Beziehungen, und der Mut zur Auseinandersetzung wächst.

Streitkultur und Bildung

Streiten ist übrigens nicht identisch mit Kritik. Wir können uns über Begriffe streiten, über den Sinn bestimmter Regeln, über die Wirkungen von Strukturen. Wir müssen streiten über Grundorientierungen und Haltungen, denn wenn die Basis nicht ausgestritten wurde, ist das Fundament der gemeinsamen Arbeit brüchig.

Kritisieren und – wenn nötig – verändern können wir Abweichungen von erstrittenen Positionen, also all das, was unserer Meinung nach nicht zum Fundament der Arbeit passt, es beeinträchtigt, ihm schadet. Konstruktive Kritik setzt gemeinsam erstrittene Kriterien voraus.

Wer behält Recht, wer geht als Sieger vom Platz, wer muss sich unterwerfen und die Zeche zahlen – diese Form von »Rechtsstreit« überlassen wir besser den Juristen. Streit in unserem Sinne ermöglicht Freude an neuen Erkenntnissen, an persönlicher Weiterentwicklung und kontinuierliches Ringen um Verbesserungen. Unser Streit hat zum Ziel, alle Beteiligten ins Boot zu holen, unterschiedliche Blickwinkel und Interessen wahrzunehmen und zu berücksichtigen, Beteiligung zu sichern. Vor allem die Beteiligung der Kinder, wenn es um ihre Belange geht.

Wollen wir Kinder ernst nehmen und anerkennen, dann haben wir uns auf ihre Sichtweisen und Beurteilungen einzulassen. Wenn es zum Selbstverständnis unseres Teams und zum Alltag gehört, uns den Fragen und Einwänden der Kinder zu stellen und uns von ihnen überzeugen zu lassen, haben wir echte Beteiligung erreicht und im Haus eine Atmosphäre geschaffen, die allen kleinen und großen Bewohnern die Erfahrung ermöglicht: Hier kann ich meine Positionen und Ideen einbringen. Sie werden gehört, ernst genommen und abgewogen. Ich werde weder verlacht noch durch Nichtbeachtung gestraft.

Eine solche Atmosphäre ermöglicht Bildungsprozesse auf allen Ebenen. Deshalb: Streitkultur ist Bildungsbasis.

Der Blick über den Tellerrand

Streitkulturerfahrungen kann man natürlich nicht nur im eigenen Team erwerben und üben, sondern auch in Auseinandersetzungen mit anderen Positionen, Kolleginnen aus anderen Häusern, mit Eltern, mit Schule. Der Blick über den Tellerrand ist immer bereichernd – sei es, dass eigene Überzeugungen dadurch gefestigt, sei es, dass sie in Frage gestellt werden. Einblicke in andere Konzepte und Arbeitsweisen bringen uns auf neue Ideen, die auf die eine oder andere Weise in die eigenen Überlegungen einfließen. Und Nachfragen oder Kritik von außen sind wie ein Spiegel, in dem wir uns betrachten können.

Offene Arbeit braucht Durchlässigkeit: Von drinnen raus-, von draußen reinschauen. Offene Arbeit zu vertreten erfordert, offen zu sein für den Dialog, sich in aktuelle Fachdebatten einzubringen, sich an Diskussionen zu beteiligen und den Diskurs mit Kritikern nicht zu scheuen.

Auch im Netzwerk Offene Arbeit streiten wir, denn es ist keineswegs immer alles klar und eindeutig, was gemeinhin als selbstverständlich gilt. Wir streiten seit drei Jahren über die Inhalte unserer wichtigsten Begriffe und vor allem darum, wie Anspruch und Realität zueinander passen. Obwohl viel Übereinstimmung in den »Grundpositionen« besteht, trainieren wir weiter. Der Stoff wird uns zum Glück nicht so schnell ausgehen.

Stichwort: Schatzsuche

Schätze lagern in allen Kitas. Aber nicht immer werden sie entdeckt und gehoben. Manche Werkbank steht ungenutzt herum, mancher Raum bleibt stundenlang leer – mit Vorliebe der Bewegungsraum – , andere werden als Abstellkammern vergeudet, und ungewöhnliche Kompetenzen der Kolleginnen liegen tief im Dunkeln. Die Chance, den Kindern ein breites Spektrum von Erfahrungen und Anregungen zu bieten, ihnen die Möglichkeit zu verschaffen, eigenen Interessen und Bedürfnissen zu folgen oder besondere Unternehmungen zu starten, wird damit allzu oft verschenkt. Warum ist das so?

Klein-klein und meine-meine?

Solange klein-klein gedacht wird und jede Kollegin »ihre« Spiele und Materialien hortet, solange alle an »ihren« Gruppenräumen hängen und »ihre« Kinder am liebsten immer im Blick haben möchten, bleibt alles beim Alten – auch wenn den Kindern damit vieles vorenthalten wird.

Öffnungsprozesse erfordern daher zuerst ein Umdenken bei jeder und jedem Einzelnen: sich verabschieden von »meine-meine« und von der wechselseitigen unterschwelligen Konkurrenz (Vielleicht wollen die Kinder alle zu meiner Kollegin, vielleicht hat sie mehr zu bieten...), sich lösen von der Befürchtung, gemeinsame Verantwortung führe zu Verantwortungslosigkeit.

Wer andere Erfahrungen gemacht hat, weiß, dass es auch anders geht. Doch andere Erfahrungen kann nur machen, wer sie zulässt. Dann allerdings gibt es meist kein Zurück mehr. Denn es ist überzeugend, wie sich die Möglichkeiten für Klein und Groß potenzieren und das Leben für alle leichter, entspannter und vielfältiger wird.

Irgendwie und irgendwas?

Eine der großen Chancen der Offenen Arbeit liegt in der gemeinsamen Nutzung von Ressourcen aller Art und damit der größtmöglichen Erweiterung von Entfaltungsmöglichkeiten für Kinder und Erwachsene. Raum und Material werden ebenso zusammengetan und als Ganzes betrachtet wie Zeitbudget und Kompetenzen im Team.

Schätze liegen aber auch im gemeinsamen Nachdenken und Ideen-Spinnen (Dafür haben wir einen Ideenspeicher.), in der Auseinandersetzung über Begriffe und Definitionen (Das führt zu mehr Klarheit.) und in gemeinsamer Planung.

Nicht »irgendwie«, sondern entlang einer Prioritätenliste zu planen zwingt zur Auseinandersetzung über das, was warum wichtig ist oder – umgekehrt – wegfallen kann. Das wirkt entlastend, weil es nicht mehr darum geht, immer mehr und möglichst alles zu tun, sondern sich auf das Richtige und Wichtige zu konzentrieren. Zugleich entsteht ein gemeinsamer roter Faden, der Orientierung gibt und Rückhalt gegenüber kritischen Nachfragen, zum Beispiel von Eltern.

Alle über einen Kamm?

Die Pflege der Besonderheit des Teams ist ein weiterer wertvoller Schatz, der in die Profilierung der Einrichtung mündet und nach innen wie nach außen wirkt. Wir stehen für bestimmte Leitgedanken, wir setzen Schwerpunkte und wissen genau, was wir warum tun. Wir sind in unseren Überzeugungen erkennbar und stehen dafür ein.

So gesehen, sind auch wachsende Souveränität, Gelassenheit und eine Teamkultur, die Unterschiede anerkennt und nutzt, große Schätze. Es müssen wahrlich nicht alle dasselbe können und bieten (Wie langweilig!). Je vielfältiger die Charaktere und persönlichen Neigungen, die Temperamente und Leidenschaften, um so interessanter ist es im Miteinander und für die Kinder – vorausgesetzt, dass alle von allen und allem profitieren können.

Pfui, Fehler?

Schätze verbergen sich auch in Fehlern, aus denen alle lernen können. Voraussetzung ist natürlich, dass es kein schadenfrohes »Siehste!« mehr gibt und keine Perfektion erwartet wird. Fachfrauenprinzip und andere Arten von Spezialistentum ermöglichen den Kolleginnen außerdem, sich in ihren Lieblingsbereichen zu profilieren und ihre Kompetenzen auszubauen. Dadurch erweitern sie die Chancen der Kinder, interessante Erfahrungen zu machen und sich von der Begeisterung ihrer Erzieherinnen anstecken zu lassen.

Langeweile und Einerlei?

Die gemeinsame Planung von Räumen schafft Platz für jede Menge zusätzlicher und interessanter Handlungsmöglichkeiten, die vorher nur erträumt werden konnten. Ruhe- und Rückzugsbereiche werden von geräuschintensiven Orten getrennt und Konflikte damit schon im Vorfeld vermieden. Experimentierfelder und Labore können ebenso eingerichtet werden wie Theater- und Rollenspielbereiche, Ateliers, Werkstätten und Musikzimmer, Bibliotheken und Biotope – je nach Interessen der Kinder und Erwachsenen.

Die Erfahrung zeigt, dass sich die Möglichkeiten enorm ausweiten, wenn man sich von den klassischen Gruppenräumen mit Puppenecke, Bauecke, Verkleidungskiste und einem Regal mit Tischspielen, Bilderbüchern und Bastelmaterial verabschiedet. Und damit die Langeweile und das Einerlei, das Kinder jahrelang und Erzieherinnen jahrzehntelang begleitet, durch Vielfalt ersetzt. Denn das ist ein weiteres Nebenprodukt Offener Arbeit: Nichts bleibt, wie es ist. Flexibilität wird zur zweiten Natur. Wenn man einmal damit angefangen hat, sich auf Veränderungen einzulassen...

Kinder ranlassen?

Werden die Kinder an der Gestaltung ihres Hauses ernsthaft beteiligt, gibt es noch ganz andere Schätze zu heben, Schätze, die wir Erwachsenen gern übersehen. Denn die Kinder wissen nicht nur sehr genau, was sie wollen und was sie brauchen, sondern sie sprudeln über vor Ideen, wenn sie erst einmal gemerkt haben, dass die wirklich gefragt sind und umgesetzt werden können.

Übrigens sind nicht nur ihre Ideen oft wunderbar und überraschend, sondern auch ihr handfestes Mittun. Kinder können viel mehr, als wir ihnen zutrauen. Und wollen viel mehr. Ihnen die Initiative bei der Planung und Gestaltung zu überlassen, das bedeutet, sie ernst zu nehmen und am echten Leben teilhaben zu lassen.

Ein Sparmodell?

Im Alltag sind Kooperation und gemeinsame Verantwortung im Team nicht nur eine große Erleichterung, sondern ebenfalls ein Schatz. Selbst prekäre Personalsituationen können leichter bewältigt werden. Allerdings müssen wir aufpassen und uns entschieden dagegen verwahren, dass die Offene Arbeit als Sparmodell missbraucht wird. Etwa nach dem Motto: Weil vorhandene Ressourcen effektiver genutzt werden, braucht man insgesamt weniger... Nein, das ist nicht gemeint. Und wenn gespart wird, dann bitte zum eigenen oder dem Nutzen der Kinder.

Mein Vorschlag: Weil Offene Arbeit eine einzige große Schatzsuche ist, sollte in jedem Haus eine Schatztruhe stehen, die Ideen und Fragen, Vorschläge und Wünsche von Kindern, Eltern, Besuchern und des Team aufnimmt. So geht nichts verloren. Allerdings: Öffnen muss man die Schatztruhe von Zeit zu Zeit...

Stichwort: Vorbereitung auf die Schule

Spätestens wenn die Schule ihre Schatten vorauswirft, geraten offene Arbeitsformen ins Trudeln. Die Eltern werden unruhig. Sie fürchten, ihre Kinder würden nicht ausreichend auf die Schule vorbereitet, wenn sie sich weiterhin quer durch die Altersgruppen mischen und eigenen Interessen folgen. Und die Erzieherinnen fühlen sich diesen Ängsten gegenüber oft hilflos.

Der Hinweis, dass Bildung in der Kita von Anfang an stattfindet, hilft nicht viel, denn die neue Situation setzt besondere Emotionen frei, auf die in besonderer Weise reagiert werden muss. Aber bitte nicht in der altbackenen Form der »Vorschule«, die Fünfjährige – und neuerdings gar Vierjährige – zusammensperrt, damit sie »schulnahe Vorläuferkompetenzen« trainieren.

Die Schule stirbt...

Keine Frage, Eltern und Erzieherinnen meinen es gut. Sie wollen vermeiden, dass die Kinder in der Schule anecken, und halten es daher für notwendig, Verhaltensweisen und Fähigkeiten zu trainieren, die nach ihren Erfahrungen erwartet werden: die Bereitschaft, sich in eine geschlossene Gemeinschaft einzufügen und den Anweisungen von Erwachsenen fraglos Folge zu leisten, Konzentration und Aufmerksamkeit im Unterricht, Pünktlichkeit und Disziplin, Verantwortung und Ordnung im Umgang mit Materialien, Selbstständigkeit bei Alltagsverrichtungen und natürlich das Beherrschen der deutschen Sprache. Stichwort: Schulfähigkeit. Da geistert noch immer ein Bild von Schule durch die Köpfe, das längst in Auflösung begriffen ist. Es stimmt zwar: In der Realität begegnen Kinder und Eltern immer noch Lehrerinnen und Lehrern »vom alten Schlag«. Das muss aber niemand widerspruchslos hinnehmen oder gar durch vorauseilenden Gehorsam stabilisieren. Denn diese Schule und ihre Lehrer sterben aus. Je stärker wir daran mitwirken, desto schneller.

Es lebe die Schule!

Schule verändert sich. Schon die gegenwärtigen Anforderungen an Bildungsinstitutionen verlangen nicht nur von Kindertageseinrichtungen eine neue Sicht und andere Arbeitsweisen. Fachdebatten, Praxisprojekte, Gesetze – alles läuft in Richtung Öffnung für neue Ideen:

- jahrgangsübergreifende Lerngruppen statt altershomogene Klassen;
- differenzierte Förderung statt »alle über einen Kamm«;
- Kleingruppenarbeit statt Frontalunterricht;
- Projekte statt Fächerunterricht;
- Experimentieren, Forschen, Handeln statt abstrakter Wissensvermittlung;
- Interessenschwerpunkte statt Abarbeiten von Lehrstoff;
- Orientierung an Stärken statt Defizitblick;
- Selbstregulierung statt Fremdbestimmung.
- Vor allem aber: Kommunikation, Kooperation und gemeinsame Reflexion der Arbeit statt Einzelkämpfertum hinter geschlossenen Klassentüren.

Das sind bereits seit 30 Jahren die Linien der Schulentwicklung. Erst jetzt werden sie allmählich flächendeckend zum Programm. Denn unter anderem hat PISA gezeigt: Wenn Lernen gelingen soll, braucht es förderliche Lernbedingungen. Förderlich waren die alten Bedingungen aber allenfalls für Kinder, die den Wunschvorstellungen der Pädagogen entsprachen. »Zu« selbstbewusste oder kluge Kinder passten ebenso wenig ins Schema wie widerborstige oder Kinder mit einer Behinderung.

Niemand soll sich krümmen...

Tatsächlich beschweren sich Schulen zuweilen bei Kitas, weil die Kinder zu genau wissen, was sie wollen, nachfragen, wenn sie etwas nicht verstehen oder den Sinn einer Anweisung nicht begreifen. Wir haben es im Netzwerk Offene Arbeit erlebt.

Das kann ja wohl kaum zur Konsequenz haben, dass wir die Kinder wieder zu Duckmäusern erziehen. Frei nach dem Motto: Wenn das Leben in der Schule kein Honigschlecken ist, dann muss auch vorher Schmalhans Küchenmeister sein. Oder: Früh krümmt sich, was ein Häkchen werden will. Nee, nee...

Der Auftrag von Bildungsinstitutionen ist in der Bundesrepublik auf Demokratiefähigkeit, Eigenständigkeit und lebenslange Lernbereitschaft gerichtet. Statt Einzelwissen einzutrichtern, geht es darum, Zusammenhänge herzustellen, Basiskompetenzen zu erwerben und die Freude an eigener Weiterentwicklung zu erhalten. Dem entsprechen die Ziele, Inhalte und Methoden der neuen Bildungsprogramme für die Arbeit in Kindertagesstätten und geben damit grundsätzlich auch die Richtung für die Schule an. Es ist inzwischen klar, dass die Kita nicht auf bloße Betreuung plus spätere Lieferung passgenauer Kinder reduziert werden darf.

... wenn er Kompetenzen erwirbt

Schule muss sich – wie Kita auch – an der Realität orientieren. Realität sind zum Beispiel sehr unterschiedliche Kinder mit sehr unterschiedlichen Ausgangsvoraussetzungen und Bedarfen. In der Kita wie in der Schule geht es darum, die Kinder in jeweils angemessener Weise dabei zu unterstützen, sich all die Kompetenzen anzueignen, die sie brauchen, um sich in unserer Gesellschaft heute und in Zukunft zurechtzufinden, auf eigenen Füßen zu stehen und ein erfülltes Leben zu führen. Diese Kompetenzen entwickeln sich von Geburt an und entfalten sich im Laufe des Lebens. Nicht erst im letzten Jahr vor der Schule. Die wichtigste Kompetenz – in Kombination mit der Fähigkeit zur Kommunikation – ist Selbstvertrauen.

Das Beispiel Sprache

Nehmen wir die Basiskompetenz Sprache. Sprachentwicklung beginnt spätestens am ersten Lebenstag und folgt einem inneren Programm. Sie vollzieht sich mühelos, quasi nebenbei – auch wenn es zwei oder mehr Sprachen sind, die einem Kind in seiner Familie begegnen.

Sprache ist kein Selbstzweck, sondern Mittel zur Verständigung und Medium der Beziehungen. Sie ist an Emotionen und Interessen gekoppelt und braucht ein kommunikatives Umfeld. Insofern sind sowohl die Sprachkultur in der Familie als auch die in der Kita von großer Bedeutung für ein Kind.

Die Mutter- oder Familiensprache ist das Fundament jeder Sprachentwicklung. Darauf baut die Zweitsprache auf. Mit ihrer Muttersprache eignen sich Kinder ein Grundwissen über Sprachsysteme an, vergleichbar dem Grundwissen über Prinzipien für den Bau von Häusern. Jedes Haus braucht Wände, Türen, Fenster, aber vor allem eine stabile Statik.

Haben die Kinder Prinzipien des Sprachbaus verinnerlicht, suchen sie bei jeder weiteren Sprache danach, was deren Erwerb kolossal erleichtert. Je besser sie die »Statik« ihrer Erstsprache beherrschen, umso leichter fällt ihnen das Erlernen aller weiteren Sprachen, zum Beispiel Deutsch.

Viele Eltern kennen diese Bedeutung der Familiensprache nicht. Sie wollen, dass ihr Kind Deutsch lernt, spätestens wenn es demnächst in die Schule kommt. Mit den besten Absichten tun sie daher häufig genau das Falsche: Sie sprechen mit ihrem Kind Deutsch, auch dann, wenn sie die deutsche Sprache selbst nicht korrekt beherrschen. Damit erschweren sie den Aufbau des ersten Sprachgebäudes. Die Folge ist oft, dass sowohl die Familiensprache als auch die deutsche Sprache unzulänglich ausgebildet werden. Ein fataler Prozess mit vielen Folgen.

An diesem Beispiel wird deutlich, wie wichtig es ist, Eltern zu informieren und an eigenen Erkenntnissen teilhaben zu lassen. Nur so verringern sich Ängste, und ein Fundament für die konstruktive Zusammenarbeit im Interesse der Kinder kann entstehen. Der Austausch über die jeweiligen Erfahrungen bereichert beide Seiten und trägt dazu bei, die Kinder und ihre Entwicklungen differenzierter zu sehen.

Das Beispiel »Sprache« eignet sich übrigens gut, um zu zeigen, dass Sonderförderung im letzten Jahr vor der Schule viel zu spät einsetzt. Sprachentwicklung – und das bezieht sich auch auf Deutsch als Zweitsprache – braucht die frühestmögliche Verknüpfung mit Alltagserfahrungen und -erlebnissen. Wenn wir darauf hinwirken, dass Eltern sich mit ihren Kindern möglichst viel in ihrer Sprache unterhalten, ihnen vorlesen und Geschichten erzählen, Lieder singen und reimen – parallel dazu bieten wir in der Kita das Gleiche in deutscher Sprache –, kann eigentlich nichts schief gehen. Noch besser: In der Kita arbeiten Erzieherinnen verschiedener Muttersprachen, die den Kindern die Vielfalt der Sprachen und die Freude an dieser Vielfalt vermitteln.

Wenn die Kinder von Anfang an erleben, dass ihre Muttersprache genau wie alle anderen respektiert wird und Interesse an dem besteht, was sie zu sagen haben, wird ihre Freude am Sprechen erhalten und kriegt neue Nahrung. Sie fassen Mut, sich auch in einer ihnen noch fremden Sprache verständlich zu machen, weil ihnen an den Menschen liegt, die sie sprechen.

Die Professionellen sind wir

Wie für das Thema »Sprache« im Besonderen gilt für die Vorbereitung auf die Schule im Allgemeinen: Statt Eltern ihre Erwartungen oder Handlungen vorzuwerfen, müssen wir zunächst **unser** Bildungs- und Rollenverständnis klären. Nicht die Eltern sind die Professionellen, sondern wir. Unsere Aufgabe ist es, Ziele und Prinzipien der Arbeit so zu vermitteln, das Eltern sie verstehen und akzeptieren können. Das funktioniert natürlich nur, wenn wir wissen, wovon wir reden.

Haben Eltern Vertrauen gefasst, können sie gelassen reagieren. Erst dann werden sie auch neue Erwartungen an Schule herantragen, sich zusammenschließen und Einfluss nehmen, denn sie haben mehr Wissen und Erfahrung gewonnen.

Dazu können wir beitragen. Bei uns, in der Kita, haben die Eltern über Jahre hinweg erleben können, wie den Kindern die Welt eröffnet wird und ihre Neugier immer wieder Futter erhält, dass wir uns Zeit nehmen für sie und sie begleiten, wie die Kinder miteinander und voneinander lernen – gerade in heterogenen Gruppen –, welche Kompetenzen sie entfalten, wenn sie sich mit selbstgewählten Vorhaben befassen, wie sie sich konzentrieren, wenn sie eigenen Fragen folgen, wie kreativ sie sind, wenn sie eigene Spielideen entwickeln, wie sie soziale Fähigkeiten entfalten, wenn sie sich für eigene und gemeinsame Belange einsetzen, wie sie wachsen und unabhängig werden, weil ihnen das Tempo ihrer Entwicklung nicht vorgeschrieben wird.

So weit – so gut. Doch es reicht nicht aus, wenn wir als Professionelle handeln. Wir müssen auch professionell argumentieren. Es reicht nicht, etwas gut zu machen. Zur Professionalität gehört, die Ziele unseres Handelns zu begründen, Zusammenhänge zu verdeutlichen, Fragen aufzugreifen und Zweifel auszuräumen. Professionalität erschöpft sich nicht im Erklären, sondern schließt die Fähigkeit ein, sich in eine andere Perspektive einzufühlen und herauszufinden, was mein Gegenüber bewegt. Bei Kindern nicht anders als bei Erwachsenen.

Die Erfahrung zeigt, dass auf diesem Gebiet bei Erzieherinnen der größte Wunsch nach Kompetenzerweiterung besteht: eigenes Handeln so zu präsentieren, dass es Eltern überzeugt, und Formen zu finden, die nicht nur den Kopf ansprechen, sondern auch das Herz, eigene Erfahrungen einbeziehen und Eltern einen Perspektivenwechsel zu ermöglichen.

Was wir wissen

Eine Voraussetzung für überzeugende Argumente ist ein sicheres Bildungs- und Rollenverständnis. Wenn wir uns im Team darüber einigen und eine klare Linie verfolgen, haben wir die Chance, Eltern ebenfalls ins Boot zu holen. Wir können niemanden von etwas überzeugen, an das wir selbst nicht glauben.

Der Nürnberger Trichter hat ausgedient. Wir wissen heute, nicht nur aus eigener Erfahrung, sondern wissenschaftlich untermauert, dass wir nur wirklich lernen, wenn wir etwas selber tun, wenn wir praktische Erfahrungen sammeln und eigenen Fragen nachgehen können. Wir wissen, dass »Wiederholung die Mutter der Weisheit ist«, unsere Fähigkeiten fördert, und die Freude am Erfolg lechzt nach Wiederholungen. Stolz und Erfolg lassen nicht nur das Selbstbewusstsein wachsen, sondern sind Motoren für die Vertiefung von Wissen und Kompetenzen aller Art.

Wir wissen, welchen Stellenwert Gefühle für gelingende oder nicht gelingende Bildungsprozesse haben und dass es daher mindestens so wichtig ist, auf das zu achten, was Kinder bewegt, wie auf ihre Kompetenzen und Interessen.

Aber wir wissen nicht, was die Zukunft unseren Kindern bringt. Nur: Sie werden Fähigkeiten und Eigenschaften brauchen, die sie in schwierigen und unübersichtlichen Lebenslagen nicht verzagen lassen. Dazu gehören vor allem Selbstvertrauen und die Zuversicht, sich weiterentwickeln und neuen Herausforderungen mit Aussicht auf Erfolg begegnen zu können.

Das ist eine der wesentlichen »Schlüsselkompetenzen«, auch für uns Erwachsene.

Wie tragen wir am Besten dazu bei, dass Kinder Selbstvertrauen und Zuversicht in ihren Lebensrucksack packen? Indem wir sie dabei unterstützen, Herausforderungen zu bewältigen – und zwar nicht nach unseren Maßstäben, sondern nach ihren eigenen. Der Übergang in die Schule ist eine dieser Herausforderungen. Nicht die erste und sicher nicht die letzte. Aber in diesem Moment eine wichtige.

Blick zurück – im Zorn oder guten Mutes

Auch Eltern kommen in die Schule. Ihre Erinnerungen an die Schulzeit prägen ihre Sicht auf die Schule, ihre Hoffnungen, Erwartungen und Ängste. Ob sie wollen oder nicht, ob es ihnen bewusst ist oder nicht – diese Gefühle bestimmen ihren Umgang mit dem Schulbeginn ihrer Kinder. Druck oder Gelassenheit, eins von beiden wandert unbemerkt mit in die Schultüte. Dieser Umstand wird meist vernachlässigt.

Um nicht in Gefahr zu geraten, darüber zu spekulieren, wie Kinder sein und was sie können sollen, um in der Schule gut zurechtzukommen, haben wir im Berliner Netzwerk Offene Arbeit die Perspektive gewechselt. Wir haben versucht, uns in die Situation der Beteiligten zu versetzen, um herauszufinden, welche Unterstützung sie von uns brauchen. Wir fragten uns also: Was bewegt Eltern und Kinder? Was ist für sie von Bedeutung?

Die Erinnerung an den Schulbeginn: Aufregung und Vorfreude, Stolz und das Gefühl, endlich groß zu sein, Neugier, aber auch Angst vor dem Neuen. Der Tag der Einschulung – ein Familienfest, es gab Geschenke – blieb fast bei allen in positiver Erinnerung. Die meisten konnten sich an ihre Schultüten, an ihre Kleidung und sogar an die Gefühle, die sie bewegten, gut erinnern. Auch an die Schulgebäude mit ihren eigenartigen Gerüchen, an die Klassenräume mit den engen Bänken...

Die folgenden Wochen und Jahre sind sehr unterschiedlich gespeichert, je nach Erlebnissen.

Strafen wie nachsitzen, hundertmal schreiben »Ich werde nie wieder...« oder in der Ecke stehen sind unvergessen, auch wenn sie »nur« andere Kinder trafen. Am Schlimmsten war das öffentliche

Vorgeführt-Werden, die Demütigung. Solche Ohnmachtserfahrungen prägten sich ein und wirken in der einen oder anderen Weise nach. Auch die Angst vor Klassenarbeiten, vor bestimmten Fächern, vor Prüfungen vergessen wir nicht, und sie holt uns noch heute ein, ob wir wollen oder nicht.

Wohl denen, die sich in ihrer Freundesclique aufgehoben fühlten. Die Nähe zu Freunden, die Heimlichkeiten, die gemeinsame Stärke glich Vieles aus. Und zum Glück gab es auch positive Erinnerungen an Schule: Freude am Lernen, Bestätigung, Eröffnung neuer Welten.

Ob sich die Erwartungen an Schule – im Rückblick – erfüllt haben oder nicht, das hat viel mit den Beziehungen zu Lehrerinnen und Lehrern zu tun, zu Menschen also, die ihre Sache gut, unauffällig oder schlecht machten. Damit sind wir wieder bei der Profession und bei unserer eigenen Sache. Deshalb mein Vorschlag: Ein Rückblick in die Vergangenheit lohnt sich. Wenn er mit Eltern möglich ist – umso besser.

Das Schlüsselthema Schule

Der Schulbeginn wirft seine Schatten voraus. Für Kinder (und ihre Eltern) ist er ein Thema, dass ihr Leben unmittelbar betrifft und jede Menge Veränderungen mit sich bringt, denn er ist neu, aufregend, beängstigend, verunsichernd und auf jeden Fall ungeheuer interessant.

Es handelt sich also um eine klassische Schlüsselsituation. Deswegen müssen wir uns damit befassen. Aber eben nicht mit Schulfähigkeitstrainings. Vielmehr geht es – wie bei allen anderen bedeutsamen Themen – darum,

- mit den Kindern ins Gespräch zu kommen, ihre Fragen zu sammeln und mit ihnen nach Antworten zu suchen;
- herauszufinden, was sie bereits wissen und welche Bilder sie im Kopf haben, woher diese Bilder stammen und wie es kommt, dass sie so unterschiedlich sind;
- die Gefühle der Kinder ernst zu nehmen und sie an unseren eigenen Gefühlen und Erfahrungen teilhaben zu lassen;
- zur Überwindung von Ängsten beizutragen, indem wir Unsicherheiten und Unklarheiten ausräumen, Vorfreude wecken und die Neugier anstacheln;
- das Selbstvertrauen der Kinder zu stützen und sie in ihrem Wunsch zu bestärken, größer zu werden, Neues zu erfahren und endlich lesen und schreiben zu können;
- ihnen den Übergang in die neue Situation zu erleichtern und alles zu tun, dass sie den Herausforderungen zuversichtlich begegnen und sie bewältigen können.

Auch die Frage, was es bedeutet, jeden Tag pünktlich erscheinen und stundenlang mit 30 Kindern in einem Klassenraum sitzen zu müssen, ist ein Thema für die Auseinandersetzung mit Schule.

Je genauer die konkreten Bedingungen der Schule bekannt sind, in die die Kinder kommen, und je enger wir mit den Lehrerinnen und Lehrern kooperieren, um so besser können die Kinder sich darauf einstellen. So wenig es angemessen ist, Befürchtungen zu schüren, so wenig sollten wir beschönigen. Damit würden wir möglicherweise nur Enttäuschung provozieren. Doch wir können den Kindern helfen, sich über Verhaltensalternativen in eventuell unangenehmen Situationen Gedanken zu machen, und sie mit ihnen im wahrsten Sinne des Wortes »durchspielen«.

Das Wichtigste aber, das wir Kindern mit auf den Weg geben können, ist und bleibt das Zutrauen: Ich kann noch nicht alles, aber ich kann alles lernen. Ich bin vielleicht nicht, wie manche Erwachsene mich haben wollen, aber so, wie ich bin, bin ich »richtig«.

Fragen und Antworten zur Praxis der Offenen Arbeit

Die folgenden Fragen werden immer gestellt und sind es wert, eindeutig beantwortet zu werden.

Bedeutet Öffnung von Gruppen nicht, dass die Kinder ihre Orientierung verlieren?

Kinder verlieren ihre Orientierung nicht, wenn die Räume klar strukturiert sind und der Tagesablauf Orientierungspunkte bietet, so dass die Kinder sich in der erweiterten Kita-Welt zurechtfinden können. Werden sie während der Eingewöhnungszeit dabei unterstützt, lernen auch die Jüngsten, sich umzuschauen und sich zu orientieren.

Besteht nicht die Gefahr, dass die Kinder im Haus oder auf der Etage verloren gehen?

Eine Etage ist ein überschaubarer Bereich. Ein Haus ebenso. Und das Kita-Gelände ist gesichert, so dass kein Kind ohne Weiteres verloren gehen kann. Nur Kinder, die noch keine Person ihres Vertrauens gefunden haben oder sich in der Kita unwohl fühlen, kommen auf den Gedanken, wegzulaufen. Wer das wirklich will, findet auch einen Weg. Ist die Kita-Welt spannend genug und geht es den Kindern dort rundum gut, dann fehlt die Motivation zum Weglaufen.

Wie wissen wir, wo sich die Kinder aufhalten?

Dafür gibt es unterschiedliche Systeme. Allen ist gemeinsam, dass die Kinder melden, wo sie hingehen.

Wir halten es übrigens für weniger wichtig, immer zu wissen, welches Kind sich wo aufhält, als vielmehr, dass die Kinder überall erwachsene Ansprechpartner finden. Außerdem plädieren wir dafür, dass es in der Kita auch erwachsenenfreie Zeiten und Zonen geben soll.

Wer behält welche Kinder im Auge? Sind alle Erzieherinnen für alle Kinder zuständig?

Jede Erzieherin ist für die Kinder da, die sich in ihrem Blickfeld aufhalten. »Meine Kinder – deine Kinder« gibt es nicht.

Wenn ein Kind Hilfe, Unterstützung oder das Gespräch mit einer Erzieherin sucht, ist sie zuständig.

Wie funktioniert die Eingewöhnung?

Während der Eingewöhnung steht eine bestimmte Erzieherin für das Kind bereit. Sie bietet ihm während der ersten Zeit einen sicheren Hafen und steht den Eltern als Gesprächspartnerin zur Verfügung. Auf diese Weise entsteht allmählich ein Vertrauensverhältnis.

Um Irritationen zu vermeiden, zum Beispiel wenn diese Erzieherin plötzlich mal ausfällt, sollten je zwei Kolleginnen für die Eingewöhnung von zwei Kindern eingeteilt werden. Aus diesen anfänglichen Zuordnungen entstehen die sogenannten Bezugsgruppen.

Wenn ein Kind auf der Basis wachsender Sicherheit seine Fühler weiter ausstreckt, kann es sich auch eine andere Lieblingserzieherin aussuchen. Die Bezugsgruppen sind veränderbar.

Gehen neue und kleine Kinder nicht unter?

Da sich die meisten Kinder sehr selbstständig im Kindergarten bewegen, haben die Erwachsenen Zeit, sich intensiver um diejenigen zu kümmern, die das noch brauchen.

Wie für alle anderen Altersgruppen müssen auch für Babys und Kleinstkinder Räume geschaffen werden, die ihren Bedürfnissen entsprechen, ohne sie einzuengen und festzulegen.

Zwischen »Nestern« oder »Inseln« für die Jüngsten und dem übrigen Bereich muss Durchlässigkeit bestehen: Besuche und Ausflüge sind ausdrücklich erlaubt.

In jedem Alter haben Kinder das Recht auf eine anregende und herausfordernde Umgebung, auf Freiräume, auf die eigensinnige Erkundung ihrer Welt und auf den Rückzug.

Wie kann ein Gruppengefühl ohne feste Gruppe entstehen?

Es gibt feste Gruppen und Gruppenerlebnisse, zum Beispiel: Projektgruppen, Arbeitsgruppen, Kinderkonferenzen. In manchen Häusern treffen sich die Bezugsgruppen zu bestimmten Zeiten. Und natürlich entstehen Freundesgruppen. Nur die »Verwaltungseinheit« Gruppe gibt es nicht.

Ein Gruppengefühl kann nicht erzwungen werden. Es entsteht durch gemeinsame Aktivitäten, wechselseitiges Interesse, Freundschaften, gemeinsames Tun. All dies findet in Offener Arbeit statt – allerdings frei gewählt.

Bekommen wir die Entwicklungen der einzelnen Kinder noch ausreichend mit?

Ja, wenn wir im intensiven Austausch bleiben und unsere unterschiedlichen Wahrnehmungen der einzelnen Kinder besprechen. Dies verringert auch die Gefahr einseitiger und subjektiver Bewertungen.

Die Bezugserzieherin, die in der Regel ein enges Verhältnis zu den Kindern hat, die sich ihr freiwillig zugeordnet haben, verfolgt deren Entwicklung besonders aufmerksam. Sie sammelt Geschichten und Werke, Ideen und Wünsche der Kinder mit ihnen in Portfolios, Könner-Mappen, Schatztruhen oder Erlebnis-Koffern. Jedes Kind hat seine Sammlung und kann jederzeit darin schmökern.

Beobachtet und dokumentiert wird, worauf sich die Interessen der Kinder richten und was in ihrer Entwicklung gerade »dran« ist. Darüber suchen die Erzieherinnen den Austausch mit den Eltern und vor allem mit den Kindern selbst.

Wie kann die Verantwortlichkeit für Räume und Materialien gesichert werden, wenn es keine festen Gruppenräume und Gruppenerzieherinnen gibt?

Verantwortlichkeit ist eine Frage von Absprache und Verbindlichkeit.

Sinnvoll ist, Verantwortungsbereiche nach Interesse, Kompetenz oder Lust festzulegen. Dies bringt Schwung und Ideenreichtum in die Gestaltung.

Zuständigkeiten sollten nicht für immer und ewig festgeschrieben bleiben. Aber so lange es einer

Erzieherin Spaß macht, kann sie sich auf den Bereich ihrer Wahl konzentrieren, sich damit befassen und sich »schlau machen«.

Sind Verantwortlichkeiten nicht vorhanden, scheitern selbst die schönsten Vorhaben. Wie immer steht und fällt das Maß der Bildungschancen für die Kinder mit der Kompetenz der Erwachsenen.

Wenn alle Kinder überall herumrennen, wird es dann nicht viel zu laut?

Im Gegenteil. Nach unserer Erfahrung wird es ruhiger und entspannter, wenn alle Kinder ihren jeweiligen Interessen nachgehen, Anregungen finden und sich intensiv auf Spiel- und Arbeitsprozesse einlassen können. Treffen sich Kinder mit ähnlichen Bedürfnissen, verringert sich das Konfliktpotenzial. Dennoch: In vielen Kita-Räumen sind akustische Maßnahmen nötig – egal, ob die Teams offen arbeiten oder nicht.

Übrigens ist auch das Herumrennen wichtig. Doch wenn Kinder dabei bleiben, heißt das: Sie finden nichts, das ihr Interesse weckt. Ein Fall für Selbstreflexion des Teams.

Besteht nicht die Gefahr, dass manche Kinder sich bestimmten Tätigkeiten entziehen, zum Beispiel nie basteln?

Die Entscheidungen der Kinder werden grundsätzlich respektiert.

Alle Bereiche bieten viele unterschiedliche Erprobungs-, Erfahrungs- und damit Entwicklungsmöglichkeiten. Lebenspraktische Fähigkeiten – zum Beispiel der Umgang mit Stift und Schere – erwerben die Kinder quasi nebenbei.

Da auf der Grundlage aufmerksamer Beobachtung Räume gestaltet, Materialien ausgesucht und Angebote gemacht werden, können wir uns da-rauf verlassen, dass die Kinder das für sie Richtige suchen und finden. Entscheidet ein Kind sich aktuell für einen bestimmten Bereich, heißt das: Es richtet all seine Antennen auf diesen Bereich. Dadurch besteht die größtmögliche Bildungschance. Beim Zwangsbasteln käme sie nicht zustande.

Was, wenn die Kinder zu manchen Kolleginnen oft und zu anderen nie wollen?

Kinder signalisieren mit ihrer Entscheidung etwas Wichtiges. Das kann eine besondere Beziehungen sein, Interesse oder Desinteresse an einem Angebot. Folglich müssen wir Erwachsene uns fragen, warum unsere Angebote von Kindern nicht genutzt werden. Wieder ein Fall für Selbstreflexion.

Brauchen Kinder nicht die Kontinuität, die eine bestimmte erwachsene Person bietet?

Wenn Kinder Kontinuität brauchen, werden sie sie finden. Sie haben die Wahl. Niemand hindert sie, sich einer bestimmten Erzieherin anzuschließen.

Erzwungene Kontinuität hingegen ist schrecklich und schädlich.

Wie bekommen wir mit, ob und wann alle Kinder in der Kita sind?

Es gibt einen Empfangsbereich, eine Rezeption oder etwas Ähnliches. Dort steht eine »Empfangsdame«, die alle Kinder grundsätzlich herzlich und individuell begrüßt.

Die Anwesenheit der Kinder und besondere Hinweise der Eltern werden schriftlich festgehalten und sind für alle Kolleginnen verfügbar.

Dürfen die Kinder essen gehen, wann sie wollen?

Ja, denn sie essen, wenn sie Hunger haben. Es wird niemand zum Essen gezwungen.

Allerdings: Das Angebot muss stimmen – und schmecken.

Wie kann der Individualität der Kinder organisatorisch entsprochen werden?

Die Organisation des Tagesablaufs – Bringezeiten, Essenszeiten... – wird flexibilisiert.

Das ist in aller Regel kein Problem. Vorausgesetzt, die Erwachsenen sind offen für neue Möglichkeiten.